JN080039

-ビジュアルアトラス-

Visual Atlas

世界危険旅行

世界一美しい　死ぬかもしれない場所

オフェリー・シャバロシュ
アルノー・グーマン 著
清水玲奈 訳

日経ナショナル ジオグラフィック

著者紹介

オフェリー・シャバロシュ

米国コーネル大学で文学博士号を取得。パリ政治学院で人文学の教授を務める。地震断層と日本をこよなく愛する。マルチリンガルの語学力を生かし、冒険家として世界中を一人旅でめぐっている。

アルノー・グーマン

美術史家。エコール・デュ・ルーブルで学士号を取得、作家としても著書多数。険しい山頂も地下500メートルもものともせず、どこまでも好奇心のおもむくまま珍奇な場所を訪ねる探検家でもある。

序文

あなたが今手にしている本書『世界危険旅行』は、目に見えない意外な危険が潜む世界のさまざまな場所を訪ね、美しい光景の背後にある脅威と危険について知ることのできる一種の地図帳だ。ページを開けば、この世のものとも思えない風景が次々と広がる。ピンク色の輝きを見せる強アルカリ塩湖のナトロン湖、荒波が押し寄せるレイニスフィヤラのブラックサンドビーチ、砂漠と化したアラル海、毒物の漏出事故を受けて無人島になった古代の島……。

私たちの惑星は驚くほど美しく、ユニークだ。人間は地球環境に深刻な脅威をもたらしているが、けっしてその支配者にはなり得ない。突然足元に開く裂け目、崩れ落ちる岩、眠っている間に人間を死なせてしまう窒息性の湖といった自然現象を前にしたとき、人間は無力な存在だ。赤道付近に形成される熱帯収束帯では気候が急速に変化し、そこを旅するのはつねに危険をともなう行為だ。ガンジス川、チタルム川、エボラ川などの有名な川は、病原菌に満ちている。また、一見静かな場所が突然、恐ろしい正体を現すこともある。カリフォルニア州のホースシューレークの湖畔では木々が枯れ、放送局のアンテナが設置されたイタリアの田舎町では住民たちが謎の病に襲われている。

本書は地球上に存在する、知られざる危険地帯を訪ねるためのガイドブックでもある。

目次

世界危険旅行マップ

アカデミック・
ロモノソフ号
p.90
モスクストラウメン p.154
レイニスフィヤラの海岸 p.12
バルト海 p.162
ポイズンガーデン p.96
カラチャイ湖 p.84
チェリャビンスク p.142
不発弾 p.166
プリピャチ p.86
モンサンミシェル湾 p.66
パッサージュ・デュ・ゴワ
p.36
ウィッテルスハイム p.100
マッターホルン p.150
テートルース氷河 p.20
クロワール・デュ・グーテ p.70
ボズロジデニヤ p.108
バチカン放送局 p.94
フレグレイ平野 p.186
山西省の炭鉱 p.102
紅海のブルーホール
p.72
エベレスト p.68
新型コロナウイルス p.132
ドラゴン・
トライアングル
p.26
ガンジス川 p.118
ハロン湾 p.48
海賊船 p.158
台風街道 p.180
ダロール火山 p.182
海賊船 p.158
ニオス湖 p.16
海賊船 p.158
海賊船 p.158
エボラ川 p.112
キブ湖 p.16
ナトロン湖 p.62
エイズ p.114
チタルム川 p.80
ケルート火山
p.194
南大西洋
インド洋
マダガスカル p.124

北極海
カムチャツカ半島 p.10
ニューファンドランド島沖 p.44
127時間 p.144
カンザス州 p.128
北太平洋
ホースシューレーク p.40
アンテロープキャニオン p.54
デスバレー p.56
竜巻街道 p.176
北大西洋
ナイカ p.60
バミューダ・トライアングル p.22
マンチニール p.32
モントセラト島 p.190
ビキニ p.92
陥没穴 p.140
マラカイボ湖 p.174
ダリエン地峡 p.74
熱帯収束帯 p.28
シウラグランデ p.148
ポトシ鉱山 p.104
レインガ岬 p.50
南太平洋
南大西洋
エレバス山 p.198

予測できない危険

危険が迫っているのに、目に見えず、感じられず、予測もできないとき、人間が直面する脅威は計り知れないほど大きくなる。海で巨大波にさらわれ、行方不明になっても、目撃者がいなければ、何が起きたのか誰にも分からない。致死性のガスが地下から漏れ出している場所では、自分でも気づかないうちに生から死へと向かうしかない。津波のような鉄砲水が起き、生い茂る木が人間を猛毒で傷つけることもある。予測不能の危険は、生贄を待ち受ける恐ろしいわなにほかならない。

カムチャツカ半島

火山ガスの脅威

シベリアの東端にあるカムチャツカ半島は、死を招く火山の王国である。

300年あまり前、ロシアの探検家たちは、アジア大陸の東の果て、環太平洋火山帯に位置するカムチャツカ半島に、謎めいた死の谷を発見した。カムチャツカは冬季には極寒となる厳しい気候の地で、約30の活火山があり、それらの周囲には腐食性のあるターコイズブルーの水をたたえた湖が点在している。半島は広大で人を寄せつけず、火山学者たちが死の谷を発見したのは20世紀末になってからのことだった。幅500メートルの谷が全長2キロにわたって延びていて、谷の中に入った動物は皆、数時間以内に死んでしまうことから、死の谷と呼ばれる。クロノツキー自然保護区の一角、雄大なキフピニチ火山の麓に位置する谷では、空気がほとんど風に流されず、よどんでいて、火山の山腹から発生する硫化水素、二酸化炭素、二酸化硫黄の混合ガスが蓄積する。これが迷い込む動物の体を麻痺させ、静かに命を奪うのだ。1975年から1983年にかけて、ロシアの科学調査団は動物の死骸200体が完

カムチャツカ半島
（ロシア）

行方不明者
約80人

全な形で見つかったことに着目し、谷に潜む目に見えない脅威を解明するに至った。毒ガスで死んだ小動物や鳥の死骸に引き寄せられたキツネ、クマ、クズリ、オオヤマネコ、イヌワシなどの肉食動物が、共倒れになっていた。そして、バクテリアさえも生き残れない極限の環境であるために、死骸は腐敗せず、生命を執拗に奪い取る自然の脅威の大きさを示す証拠となっている。

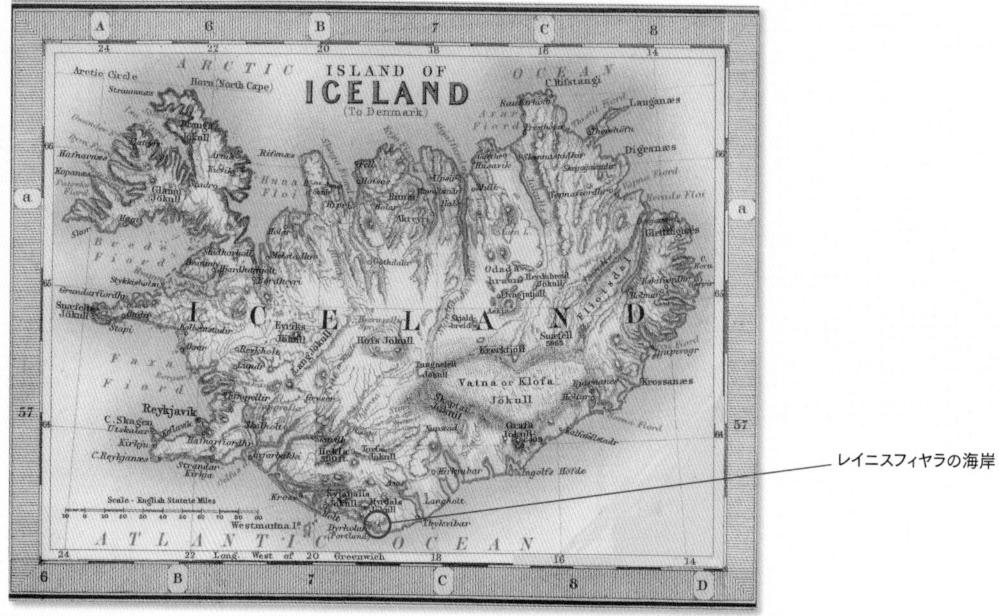

レイニスフィヤラの海岸

打ち寄せる巨大波

その昔、怪物がすむと恐れられたレイニスフィヤラの海岸（アイスランド）では、逆巻く大波が今も獲物を待ち構えている。

レイニスフィヤラ（アイスランド）

海水温が極端に低い

黒い砂浜が長く続き、荒波が押し寄せるレイニスフィヤラの海岸は、アイスランドを代表する景勝地である。レイキャビクの南東180キロ、ディルホレイ半島とビック・イ・ミュルダール村の間に位置し、独特の地形を成す奇岩怪石の美しさで知られる。陸側のガルザルでは、六角柱の玄武岩が火山の斜面から突き出てそびえ立ち、洞窟の大きな入り口まで延びている。海側には、レイニスドランガル岩柱群が海霧の中に突き出し、不気味なシルエットを現している。伝説によると、この岩は姿を変えたトロール（一つ目の巨人）で、3本マストの船を座礁させようとしていて、朝日を浴びて石になってしまったのだという。伝説のトロールたちが石にされるという罰を受けたのは遠い昔のことだが、美しいビーチには今も脅威が潜んでいる。毎年、向こうみずに海に近づく観光客が、突如出現する大波にさらわれるのだ。大波はまるで巨大な手のように、犠牲者を海底まで引きずり込んでしまう。局所的で非常に危険なこの自然現象を、科学者は「巨大波」と呼んで研究しているが、その仕組みは完全には解明されていない。風、波のスピードと波形などの条件が重なることで、巨大波はたった20秒で砂浜を進み、獲物をのみ込んでしまうとされる。アイスランド人は、海岸を襲う大波について敬意を込めて話す。これをものともしないのはカモメとツノメドリだけだというのだ。レイニスフィヤラでは美しさと危険はつねに隣り合わせであり、地元には「けっして海に背を向けてはいけない」という教えが言い伝えられている。

右ページ：
海面に突き出るレイニスドランガル岩柱群。

14-15ページ：
ガルザルのピラミッド状の玄武岩柱。

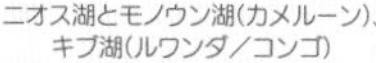

ニオス湖とモノウン湖(カメルーン)、
キブ湖(ルワンダ/コンゴ)

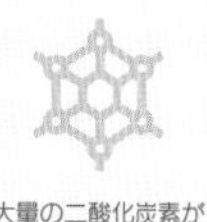

大量の二酸化炭素が
放出される湖水爆発

ニオス湖

窒息死をもたらした湖水爆発

ニオスの「殺人谷」の謎は、珍しい火山現象として解明された。しかし再発の恐れがあり、その際にはさらに大規模になる可能性がある。

1986年8月22日、カメルーンのニオス一帯は重い静寂に包まれた。ニオス湖を中心とする半径30キロの範囲で夜間に原因不明の死亡事件が発生し、1746人の犠牲者が出たのである。この謎の災害について、火山学者アルーン・タジェフは、世界で3つの湖でしか発生し得ない特殊な湖水爆発であるという説を唱えた。8月21日の夜、断層上に形成された小さな火口湖であるニオス湖の縁で地滑りが発生、水が混ざり合って飽和限界に達し、大規模な化学反応が起きたのだ。湖水深くに閉じ込められていた数百万立方メートルの火山ガスが突然爆発して、高さ80メートルを超える水柱が上がった。その結果、空気より密度の高い二酸化炭素が谷間の村であるニオスに充満し、窒息死を招いたというのである。その後、ニオス湖と、これより小さなモノウン湖では排水パイプが整備され、危険を取り除くためにガス抜き作業が進められている。そのため、現在では差し当たって地域の安全は確保されている。しかし、メタンと二酸化炭素を特に多く含み(ニオス湖の放出量の約300倍)、200万人のルワンダ人とコンゴ人が暮らすキブ湖(2700平方キロ)では、対策はまだ成されていない。ニオス湖のような湖水爆発が起これば、大惨事になることは想像に難くない。ただし一方で、最近、湖上に設置された発電施設で、メタン発酵バイオガス発電が行われるようになった。それまで時限爆弾と捉えられていたものが、国の資産となる可能性がある。

左:
コンゴ民主共和国とルワンダ共和国に接するキブ湖。海抜1460メートルに位置する。

18-19ページ:
噴火後のニオス湖。水面は酸化鉄のために鉄さびの色をしている。

北大西洋

セネガル川

ガンビア川

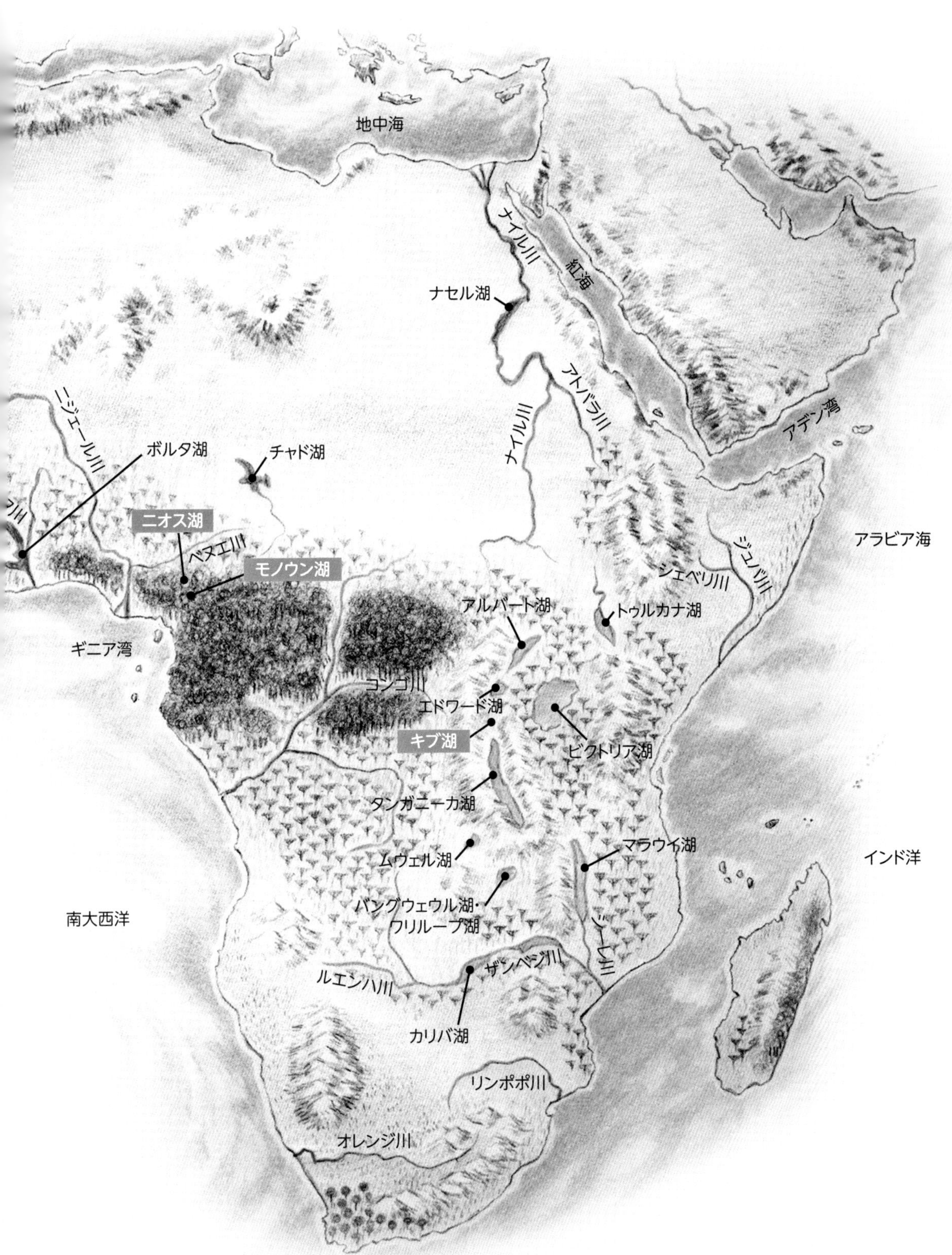
地中海
ナイル川
紅海
ナセル湖
アトバラ川
ナイル川
アデン湾
ニジェール川
ボルタ湖
チャド湖
ニオス湖
ベヌエ川
モノウン湖
アラビア海
ジュバ川
シェベリ川
アルバート湖
トゥルカナ湖
ギニア湾
コンゴ川
エドワード湖
キブ湖
ビクトリア湖
タンガニーカ湖
マラウイ湖
インド洋
ムウェル湖
バングウェウル湖・
ワリループ湖
南大西洋
シーレ川
ザンベジ川
ルエンハ川
カリバ湖
リンポポ川
オレンジ川

CAMP DE BASE
DE TÊTE ROUSSE
Merci de vous présenter
aux gardiens du refuge
à votre arrivée
Please make your presence
know on arrival
Bitte melden sie sich bei
ihrer ankunft in der hütte
beim hüttenwirt
LA MONTAGNE A L'ETAT PUR

テートルース氷河

モンスター級の鉄砲水

高山はさまざまな危険をはらんでいるが、
テートルース氷河の滞留水は人間にとってとりわけ大きな脅威である。

アルプス
（フランス）

氷河のくぼみに
たまった水は
6万5000立方メートル

左ページ上：
モンブランを目指す登山家が利用するテートルースのベースキャンプ。

左ページ下：
2010年、氷河内のくぼみにたまった大量の水をポンプで汲み取る危険な作業が行われた。

モンブラン山塊のサンジェルベ渓谷に暮らす人たちの頭上には、ダモクレスの剣*が下がっている。標高およそ3150メートル、毎年数万人の観光客を魅了するテートルース氷河の内部に、大量の水がたまる現象が知られている。氷河内のこうした滞留水は表面からは発見できず、科学的にも解明されていない現象で、氷河学者も対応に苦慮している。氷河と岩盤の間、あるいは氷河そのものの中に水がたまり、音も立てずに日に日に水量は増え、やがて大量になる。水圧の高まりにより、滞留水をとどめている壁や氷がついに崩壊すると、岩、砂利、氷と混ざった数十万立方メートルの水が木々を根こそぎにしながら流れ出して鉄砲水となり、巻き込まれる多くの犠牲者を出す。地元の小さな温泉村であるサンジェルベ・レ・バンでは、1892年に村を襲い、谷を浸食して175人の犠牲者を出した鉄砲水の記憶が語り伝えられていたのだが、2010年にテートルース氷河の内部、深さ75メートルの地点に約6万5000立方メートルもの水がたまっていることを知って、住民たちは驚きを隠せなかった。19世紀末に岩盤に掘られた人工水路では排水が追いつかず、緊急に強力な汲み上げ作業が行われた。ひとまず危機は回避されたように見えても、油断はできない。この先も、同じ場所に滞留水は増え続けていく。気候変動はその現象を加速させる。しかも、モンブラン山塊にある90の氷河のうち、次にどこで恐ろしいモンスター級の鉄砲水が発生するかは、誰にも予測がつかないのだ。

*身辺につねに迫る危険を指す。もともとは、古代ギリシャでシラクサの僭主ディオニュシオス1世が、廷臣ダモクレスを王座に座らせて頭上に髪の毛1本で剣を吊るし、王者につきまとう危険について諭した説話にちなむ。

バミューダ・トライアングル

船舶や航空機が謎の失踪

1964年、著述家ビンセント・ガディスが、
プエルトリコ、フロリダ南端、バミューダ諸島の3点をつなぐ
三角形に囲まれた海域をバミューダ・トライアングルと名付けた。
ガディス自身も、自分が着目した海域がこれほど人々を不安に陥れ、
そして魅了するとは想像していなかったに違いない。

カリブ海
(北大西洋)

19世紀以降の
船舶や航空機の
失踪事件は
270件に及ぶ

19世紀初頭から、大西洋のバミューダ・トライアングルでは、190隻近い船舶と80機近い航空機が原因不明の失踪を遂げたと報告されている。その背景をめぐっては、地球外生命体のしわざや伝説の大陸アトランティスの影響から、時空の歪みや磁場によるわなといったものまで、荒唐無稽な説が飛び交っている。しかし、実際の原因はそれほど突拍子もないものではない。広大な海域には複雑な気象条件が見られる。例えば、米国の沿岸警備隊は、激しい雷雨が突然発生し、通信を妨害したり、航空機を混乱させたりすることがあると報告している。また、海流と強風によって水の壁のような巨大波が生じると、どんなに頑丈な船でも一瞬で転覆させてしまう危険がある。どちらの場合でも、メキシコ湾流の力によって航空機や船舶の破片も、乗員の遺体もすぐに分散して行方不明になる。さらに最近では、海底に埋もれたメタンガスが突然破裂し、水面で激しい爆発を起こす可能性があるという仮説が発表されている。しかし問題は、いわば「海の鼓腸」ともいうべきこの深刻な自然災害が、ノルウェーやロシアでは記録されているのに、バミューダ・トライアングルでは一度も確認されていないことである。では、危険を引き起こす正体は何なのか？　謎は人々を魅了し続けている。バミューダ・トライアングルの危険を論じる本は多数出版されているし、難破船や事故機の残骸を求めて何千人もの旅行者が現地を訪れているのだ。

左：
ロボットを使った沈没船の調査作業。

右ページ：
麻薬密売人カルロス・レーダーが、バハマの自分の島から米国へ麻薬を密輸する際に使った飛行機の残骸。

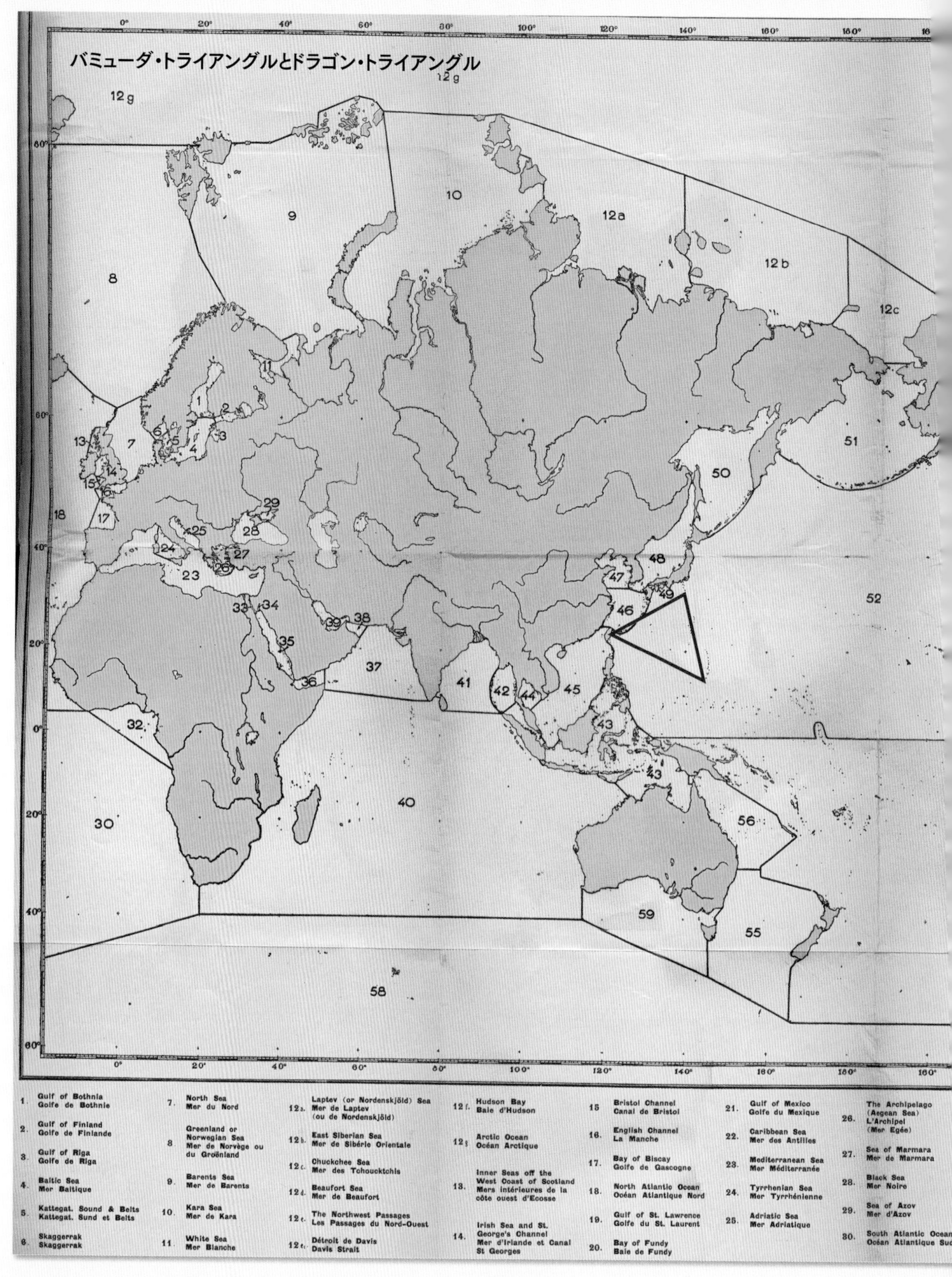
バミューダ・トライアングルとドラゴン・トライアングル
1. Gulf of Bothnia / Golfe de Bothnie
2. Gulf of Finland / Golfe de Finlande
3. Gulf of Riga / Golfe de Riga
4. Baltic Sea / Mer Baltique
5. Kattegat. Sound & Belts / Kattegat. Sund et Belts
6. Skaggerrak / Skaggerrak
7. North Sea / Mer du Nord
8. Greenland or Norwegian Sea / Mer de Norvège ou du Groënland
9. Barents Sea / Mer de Barents
10. Kara Sea / Mer de Kara
11. White Sea / Mer Blanche
12a. Laptev (or Nordenskjöld) Sea / Mer de Laptev (ou de Nordenskjöld)
12b. East Siberian Sea / Mer de Sibérie Orientale
12c. Chuckchee Sea / Mer des Tchoucktchis
12d. Beaufort Sea / Mer de Beaufort
12e. The Northwest Passages / Les Passages du Nord-Ouest
12e1. Détroit de Davis / Davis Strait
12f. Hudson Bay / Baie d'Hudson
12g. Arctic Ocean / Océan Arctique
13. Inner Seas off the West Coast of Scotland / Mers intérieures de la côte ouest d'Ecosse
14. Irish Sea and St. George's Channel / Mer d'Irlande et Canal St Georges
15. Bristol Channel / Canal de Bristol
16. English Channel / La Manche
17. Bay of Biscay / Golfe de Gascogne
18. North Atlantic Ocean / Océan Atlantique Nord
19. Gulf of St. Lawrence / Golfe du St. Laurent
20. Bay of Fundy / Baie de Fundy
21. Gulf of Mexico / Golfe du Mexique
22. Caribbean Sea / Mer des Antilles
23. Mediterranean Sea / Mer Méditerranée
24. Tyrrhenian Sea / Mer Tyrrhénienne
25. Adriatic Sea / Mer Adriatique
26. The Archipelago (Aegean Sea) / L'Archipel (Mer Egée)
27. Sea of Marmara / Mer de Marmara
28. Black Sea / Mer Noire
29. Sea of Azov / Mer d'Azov
30. South Atlantic Ocean / Océan Atlantique Sud

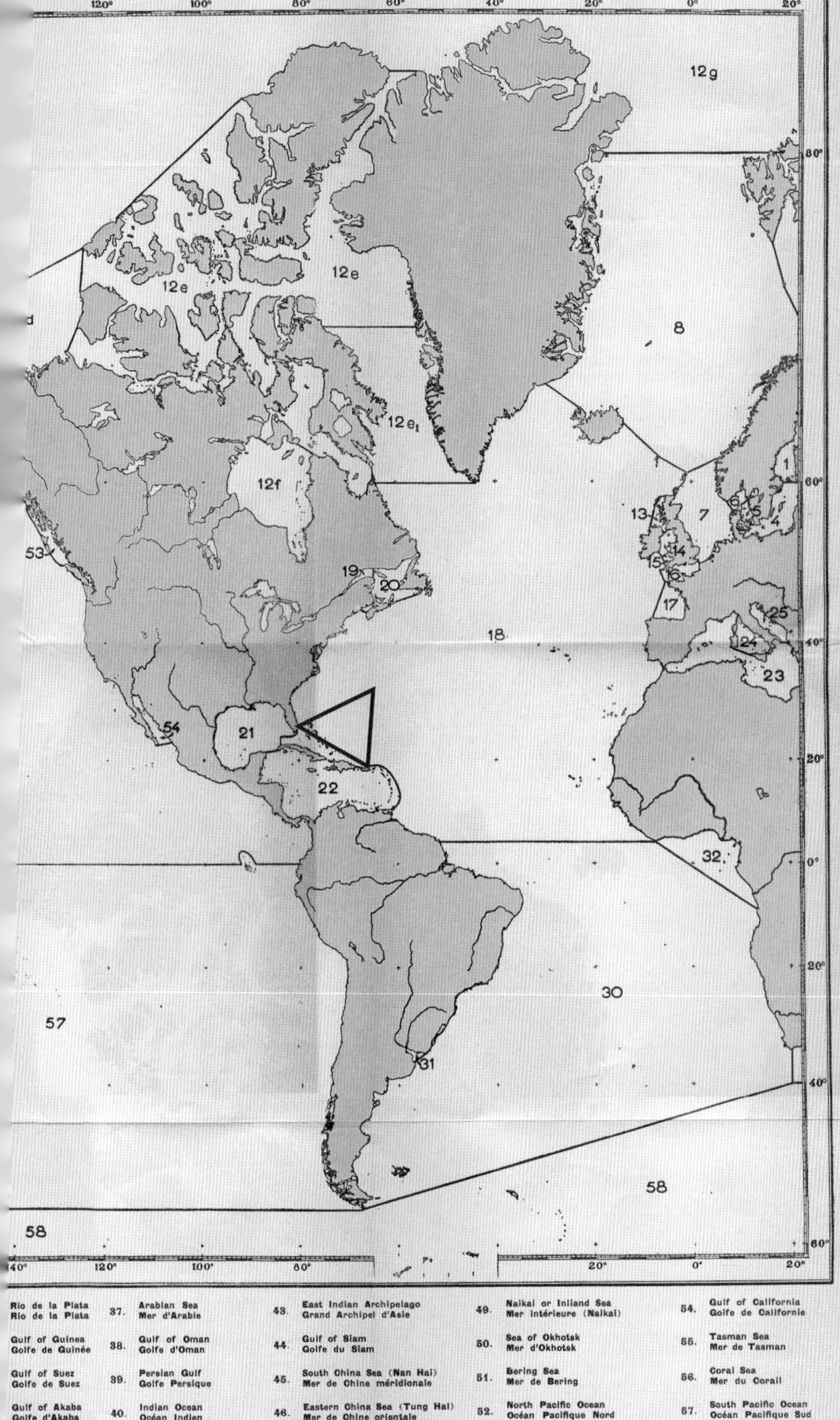

左：
1937年にモナコの国際水路局が「海洋と海の範囲」を示すために作成した地図。2つの赤い三角形は本書編集部が追加した。左側はドラゴン・トライアングル（次ページ参照）、右側はバミューダ・トライアングル。

冨嶽三十六景 神奈川沖 浪裏

ドラゴン・トライアングル

遭難が多発する魔の海域

この海域では、
船舶や航空機の遭難や
行方不明が後を絶たない。
魔物がいるためではないだろうが、
用心するに越したことはない。

フィリピン海

船舶・航空機の失踪事件多数

日本では「魔の海」と呼ばれこともあるドラゴン・トライアングル。その謎は、米国の言語学者・作家チャールズ・ベルリッツ（バーリッツとも表記される）の著作と切り離すことはできない。バミューダ・トライアングルや超常現象全般について旺盛な著述活動をするなかで、彼はこの海域のことも取り上げているのだ。ドラゴン・トライアングルはフィリピン海に位置し、船の難破事故が多発していることから注目されてきた。ベルリッツは、この海域がバミューダ・トライアングルから見てちょうど地球の真裏に位置すると主張した。ただしこれは、正確な地理的データによれば間違っている。ベルリッツによれば、1952年から1954年にかけて、この海域で数隻の軍艦が消息を絶ち、さらにはこれらの事故あるいは現象を調査するために日本から派遣された科学調査船も行方不明になったという。しかし、行方不明になった漁船が数隻あったのは事実だが、ドラゴン・トライアングルから外れた海域で沈没した例もある。もっと最近になって、ベルリッツとは無関係に、「魔の海の底には、地球外生命体の基地がある」という仮説も提唱された。この仮説は今のところ確認されていないが、少なくとも、この海域が、難破事故が多発する危険な場所であることは間違いないようだ。海底火山帯の中央部に位置するこの海域は、地殻活動（海底火山の噴火や海底での新たな火山の出現など）が盛んで、海底の起伏が激しいことからも危険性が高い。また、海底にはメタンハイドレートの存在も確認されている。メタンハイドレートは、海面に上がると温度が上昇し、自然に爆発することがある。ドラゴン・トライアングルには、一部の人がいうような大渦巻はないし、海底基地の宇宙人はまだ姿を現していない。とはいえ、用心するに越したことはないし、あるいは迂回したほうがよいかもしれない。

上：
葛飾北斎《富嶽三十六景 神奈川沖浪裏》（1830年頃）。

熱帯収束帯

大海原に訪れる無風状態

予測不能の「熱帯収束帯」。
船乗りにとっては悪夢、飛行士にとっては不安の原因となり、
あるときは嵐、またあるときは無風状態をもたらし、人間を翻弄する。

赤道付近

100パーセントに近い湿度

上：
赤道直下では、暖かく湿った気流が集まって巨大な積乱雲を作り、雷雨を引き起こす。

左ページ：
熱帯収束帯は、予測不可能な激しい嵐が発生することで恐れられている。

赤道直下に暗雲が立ち込め、嵐が吹き荒れる。やがて嵐は静まり、今度は何週間も無風が続く。両半球の貿易風がぶつかり合う熱帯収束帯は、船乗りにとって、つねに悪夢だった。特に大西洋では、コロンブスやマゼランをはじめとする多くの航海者がここで窮地に陥った。英国の船乗りたちの間で、このことは「ドルドラム（無風状態）」と呼ばれ、船乗りたちは、帆船が大洋の真ん中でぴくともしなくなった体験を、恐怖をもって語った。この言葉は日常語にも定着し、まるで真空に入り込んでしまったかのように進退窮まる絶望の瞬間のことを指す言葉として使われるようになった。馬が生きたまま波間に突き落とされるという恐ろしいイメージも生まれた。船に積んでいた貴重な真水を馬が飲みすぎていたからなのか、あるいは、バラスト（底荷）代わりに捨てられる役目を負ったのかもしれない。いずれにしてもこの危険な場所には、「馬の緯度」という第2の別名が付き、1967年には米国のロックバンド、ドアーズが、これをモチーフにした歌「ホース・ラチチューズ」を発表している。フランス語では「ポトノワール（黒い壺）」と呼ばれる。これは、18世紀に「わな」の同義語として使われた言葉であり、障害物にぶつかる危険を冒して手探りで行う目隠し鬼ごっこを指す。1930年、セネガル・ブラジル間を結ぶ航空郵便の航路を初めて開拓した飛行家ジャン・メルモスが遺した言葉には背筋が凍る。「地平線に黒い線が現れる。『ポトノワール』と呼ばれる悪天候だ。巨大な黒い柱の上に載った天蓋のように覆いかぶさるスコールがやってくる。高度5000メートルに達する巨大なキノコの頭のような雲がそびえ、続いて滝のような集中豪雨になる」。1936年12月、メルモスは水上飛行機「南十字星」号の乗務員全員とともに、ここで命を落とした。また2009年6月には赤道付近の大西洋上で、エールフランス447便（リオデジャネイロ発パリ行き）が墜落した。原因は、速度計が嵐で凍結し、故障したことだった。

右：
嵐に翻弄されて遭難する船。ポトノワールは、新大陸への最初の航海以来、船乗りたちに恐怖を与え続けてきた。

125 NASSAU ST. NEW YORK

IIP IN A HURRICANE.

マンチニール

猛毒を秘めた禁断の果実

この木にわずかに触れただけでも、
猛毒で死に至る危険がある。

メキシコ、中米、西インド諸島

高さ5～25メートルに育つ

上：
人間にとって猛毒となるマンチニールの果実。

右ページ：
バカンス客に近づかないよう警告するため、赤い帯が塗られたマンチニールの木。

34-35ページ：
死をもたらすマンチニールの木は、中米やカリブ海の砂浜にごく普通に見られる。

通常高さ10メートルほど、美しい緑の枝を張ったマンチニールの木は、メキシコ、中米、西インド諸島の砂浜の海岸線に群生する。まるで熱帯版の梨の木のようでもあり、日差しを避けたり、雨宿りしたりするため、ついその木陰に入りたくなる。しかし、この木は、ギネスブックにも載っている世界一危険な木であり、地元当局は幹に赤い帯を塗って管理している。リンゴのような形をした果実がなることから、スペイン人入植者が「マンサニージャ（小さなリンゴ）」と名付けたが、木のどの部分も毒性が極めて高いことから、やがて「死の木」という不吉な別名で呼ばれるようになった。葉は小さく光沢があり、触るとやけどに似た皮膚炎を起こして水ぶくれができる。白くて粘性のある樹液には、猛毒であるホルボールが大量に含まれている。枝を燃やすと濃厚な煙が出て目に炎症を起こし、失明に至ることもある。暴風雨のときにその木陰に迷い込んでしまったら、とてつもない不幸に見舞われる。わずかな水滴でも、毒性の強い化合物と混ざり合い、水疱や出血性病変をともなう炎症を引き起こすのだ。そして、最も恐ろしいのは果実である。一口食べれば、やけどや嘔吐、呼吸を妨げるほどの腫れに襲われる。なぜ、マンチニールはこれほど攻撃的に身を守るように進化を遂げたのだろうか。その答えは分かっていない。動物の中でグリーンイグアナだけがこの致命的な木に免疫があり、そのみずみずしい小さな青リンゴのような実を楽しむことができる。

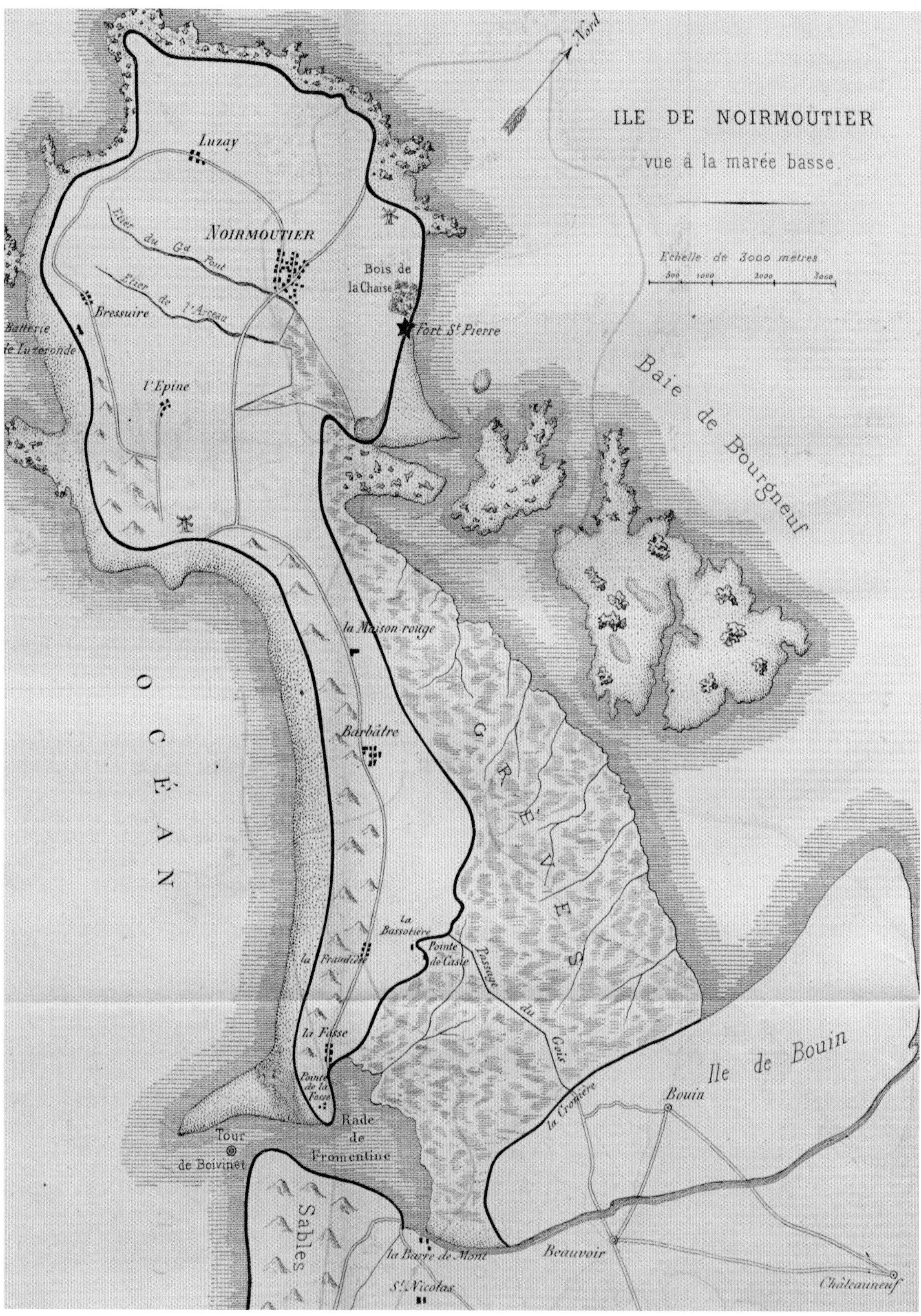
ILE DE NOIRMOUTIER
vue à la marée basse.
Nord
Echelle de 3000 mètres
500
1000
2000
3000
Luzay
NOIRMOUTIER
Etier du Gd Pont
Etier de l'Arceau
Bressuire
Bois de la Chaise
Fort St Pierre
Batterie de Luzeronde
l'Epine
Baie de Bourgneuf
la Maison rouge
OCÉAN
Barbâtre
GRÈVES
la Bassotière
Pointe de Casie
la Fraudière
Passage du Gois
la Fosse
Pointe de la Fosse
Rade de Fromentine
Tour de Boivinet
Ile de Bouin
Bouin
la Cronière
Sables
la Barre de Mont
Beauvoir
St Nicolas
Châteauneuf

パッサージュ・デュ・ゴワ

海に沈む車道

ノワールムーティエ島へ行くときは、
潮の満ち引きの時間を忘れずに確認しなくてはならない。

バンデ
（フランス）

干潮の前後3時間だけ
渡れる道路

上：
今日でも、思いがけず満ち潮に阻まれて立ち往生する車がある。

左ページ：
画面下中央にパッサージュ・デュ・ゴワ（Passage du Gois）が示された古地図。地形は今も変わっていない。

38-39ページ：
満潮時のパッサージュ・デュ・ゴワの入り口。

車で目的地に着く前に、待ちに待った瞬間が訪れる。パッサージュ・デュ・ゴワの通過は、ノワールムーティエ島でのバカンスの始まりを告げる特別な儀式だ。前もって見計らっておけば干潮のタイミングで海を渡れるはずだが、念のためにこの道路の入り口、ボーボワール・シュル・メールに掲示される干潮・満潮の時刻表をもう一度確認しておこう。本土と島をつなぐ、干潮時だけに現れる浅瀬の道路は、4.125キロも続いている。水中道路としては異例の長さであり、うっかりすると潮の満ち引きに不意打ちされかねない。とはいえ、心配しなくてもいい。満潮時、道路は最大で水深4メートルまで海に沈むが、パッサージュ・デュ・ゴワはうまく設計されている。道路が海に沈んでも、車を降りて、全部で9カ所に設けられた避難ブイ（500メートルおきに設置されている）に上って、潮が引くのを待てばいいのだ。船を除けば、島民が島にたどり着くための唯一の手段であるパッサージュ・デュ・ゴワは、古くから存在していた。もともと、島の周囲で渦巻く海流によって、岩礁の上に砂浜の浅瀬ができていた。この自然の浅瀬が19世紀には歩道として確立され、舗装と補強の工事が行われ、霧が発生したときに役立つ航路標識も設置された。1934年から1939年にかけては、車の通行を容易にするためにセメント舗装が行われた。1971年には橋が開通して、島へ渡る経路として唯一のものではなくなったが、依然として人々の好奇心をそそる貴重な史跡であり、ツール・ド・フランスのコースにも何度も選ばれている。また、毎年開かれる徒歩レース「フーレ・デュ・ゴワ」では、参加者は満潮時にスタートし、ひざまで海水に浸かったままゴールすることもあるという。

50

ホースシューレーク

湖畔のキャンプは命がけ

カリフォルニア州ホースシューレークの湖畔では、キャンプは禁止されている。
二酸化炭素によって森林の一部が枯れているのだ。

カリフォルニア州
(米国)

湖周辺は
約50ヘクタールにわたり、
木々が枯れている

左ページ上：
ホースシューレークは美しい湖だが、目に見えない脅威が潜んでいる。活火山の影響で、湖底から有毒ガスが発生しているのだ。

左ページ下：
マグマだまりから立ち上る二酸化炭素が、周囲の森を少しずつ、しかし確実に汚染している。

シエラネバダ山脈の中心にあるホースシューレーク周辺は、湖畔の砂浜で泳いだり、山道をハイキングしたりする行楽客でにぎわう。マンモスマウンテンの麓にあるホースシューレークは、青い水をたたえた美しい湖だが、その周辺でテントを張ったり、深呼吸をしながら歩いたりするのはお勧めできない。なぜなら、ここには思いもよらない危険が潜んでいて、長くとどまれば生きて帰れなくなるのだ……。とはいえ、危険なときはそれを告げる兆候があるし、幸いパークレンジャー（自然保護官）も警戒に余念がない。おかげで今日では観光客の好奇心を刺激する光景を楽しむことができる。湖のほとりで、50ヘクタール近い森林が枯れ、灰色の枯れ木に変わり果てた姿が見られるのだ。ここでは一体何が起きているのだろうか。実はこの現象は、400万年前から活動する火山があるこの地域では驚くに当たらない単純な自然現象なのだという。1990年、森の木々が枯れ始めたとき、科学者たちはすぐに1989年5月から11月にかけて山で起きた一連の地震と関連付け、この見解は調査によって裏付けられた。地震で開いた地面の割れ目から、1日あたり300トンもの二酸化炭素が漏れ出し、樹木の根を枯らし、生きとし生けるものを永遠の眠りにつかせるというのである。1948年、火山学者のアルーン・タジェフが、自分も危うく犠牲になりかけながらコンゴで発見した現象であり、珍しいものではない。これはマズクという現象で、酸素より重い二酸化炭素が地表に高濃度で立ち込めるというものだ。においもなく無色透明な二酸化炭素は知覚できないため、山岳地帯のプロにとっても大きな危険になり得る。マンモスマウンテンでは、二酸化炭素が滞留したクレバスに落ちて、レスキュー隊員3人が死亡した例がある。

死を招く絶景

美しい自然は、ときには人間にとって大きな脅威にもなり得る。氷山の本当の大きさは水面から出ている部分の10倍に達し、河川敷は上流で洪水が発生すれば、数分で水没するかもしれない。こうした事実は忘れられがちだ。雪山の斜面にも、さまざまなわなが隠されている。そして、息をのむような絶景を見せる場所は、実は生命を奪う過酷な環境であることが少なくない。

136621

ニューファンドランド島沖

氷山の通り道

タイタニック号の悲劇から100年。
北大西洋の氷山は、今なお恐ろしい存在だ。

ニューファンドランド島とラブラドール州(カナダ)

毎年80〜450の氷山が観測される

上：
ニューファンドランド島近海で観測された2017年最大の氷山は、高さ46メートルに達した。

左ページ：
ニューファンドランド島トウィリンゲート沖の漁船

1912年4月15日にニューファンドランド島沖で沈没したタイタニック号事件の後、船舶と氷山の衝突による沈没事故は起きていない。それは、危険がなくなったからではなく(地球温暖化の影響でむしろ氷山の数は増えている)、氷山の位置が明らかになり、航海図に記載されるようになったからというだけだ。全世界を震撼させたタイタニック号事件から2年後、13カ国による国際パトロール隊が結成され、主要航路である北大西洋の流氷と氷山の存在を確認し、航海図を作成する役割を担うようになった。徹底的なパトロールが、参加国の関係当局と密接に連携して行われている。例えば、カナダの海岸線と領海を管轄する同国氷山対策当局は毎日、氷山の存在密度を示す正確な海図を発行、流氷の移動を予測して、危険を予知する役割を果たしている。海図が対象とするラブラドール州南部とニューファンドランド島北東部の海域は、通称「氷山の通り道」と呼ばれる。「氷の巨人」や「海に浮かぶ怪物」として恐れられる氷山がここに存在する密度は、北極圏に比べれば低い。しかし、この海域は航行する船が非常に多い。何千年も前の氷山が浮いているうえ、目立たずに潜んでいる氷の破片はさらなる危険をもたらしかねない。したがって、海に出るなら安全な航路を取るため、最新情報を慎重に確認する必要があり、海図を読みとく知識を身に付けなければならない。しかしそれよりは、毎年の春、グリーンランドから切り離された氷山がこの有名な氷山の通り道へと漂ってくる圧巻の光景を、ニューファンドランドの海岸から眺めるほうが気が楽かもしれない。

上：
ニューファンドランド島セントアンソニー沖に現れた巨大な氷山（2011年8月14日）。

右：
ニューファンドランド島セントジョーンズの岬で、今にも接岸しそうに見える氷山。

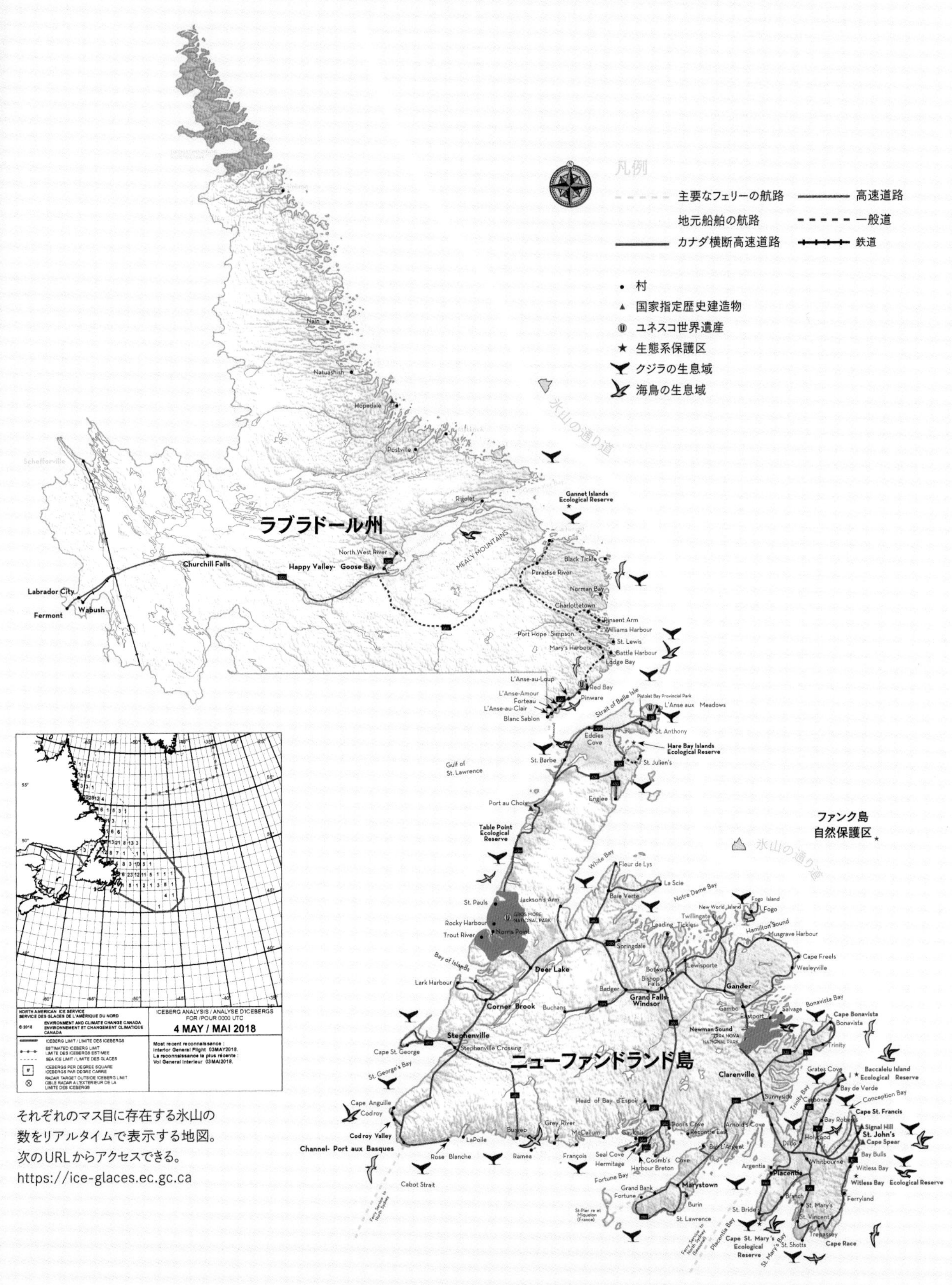

それぞれのマス目に存在する氷山の
数をリアルタイムで表示する地図。
次のURLからアクセスできる。
https://ice-glaces.ec.gc.ca

ハロン湾 楽園に潜む落とし穴

世界で最も美しい海とたたえられるハロン湾。
海の絶景を楽しむなら、観光船選びはくれぐれも慎重に。

神秘的で崇高な光景が広がり「世界で最も美しい湾」ともいわれるハロン湾は、ベトナムのトンキン湾北西部にあり、世界遺産に指定されている。しかし、楽園のようなこの観光地には、思わぬ落とし穴が潜んでいる。フランス外務省は、この地を訪れるフランス人に対して、慎重な判断を勧告しているほどだ。その理由は、世界遺産の登録抹消が危ぶまれるほど環境汚染が悪化していることではない。ツアー会社が盛んに宣伝しているクルージングに、事故が絶えないからだ。船上火災、船どうしの衝突（湾内を行き交う船の数は驚くほど多い）などの事故が珍しくない。2009年には豪雨のなか、31人が乗った船が沈没して4人が死亡した。2011年3月には大型船が数分のうちに沈没して12人が溺死した。カルスト地形が造りだした島や小島が約1600も点在する天国のような絶景

ベトナム

毎日450隻の船が航行

の湾が、皮肉なことに、まさに墓場と化している。深刻な事故が多発し、死亡事故も数件発生したため、当局は乗組員の訓練や、老朽化が著しい機器の点検について厳格な管理を約束した。しかし、ジャンク（中国風の帆船）などの小船まで含めると何十万隻もの船舶が、昼夜を問わず湾内を行き交っている状況を見ると、管理が行き届くとはとても考えられない。だから、船選びはくれぐれも慎重にしたい。海の底に沈みかねない安い船上ツアーはやめておこう。

レインガ岬

北島

太平洋

タスマン海

南島

オークランド

ウェリントン

クライストチャーチ

ダニーデン

N

0 150km

右ページ：
レインガ岬の灯台は1941年に建設され、1987年に自動化された。半径35キロの地点まで信号を送っている。

52-53ページ：
太平洋とタスマン海がぶつかり合って、予想外の強力な海流が生まれることがある。

レインガ岬

冥界への入り口

マオリ族はこの岬を「レインガ岬」と呼ぶ。
そこは死者の魂が冥界に向かう途中に集まる場所だ。

ニュージーランド

太平洋とタスマン海の海流が激しく衝突する

ニュージーランドの北端、レインガ岬では、小さな白い灯台が海上に向けて力強い光を放つ。テパキのビーチ、湿地帯、砂丘に挟まれたこの地は、平和そのものに見える。風光明媚を誇る場所だが、最も近い町まで110キロという孤立した土地でもある。この風景からは、「レインガ」がマオリ語で「冥界」を意味し、畏敬の念を持って近づくべき聖地であることは想像できないかもしれない。マオリ語での岬の別名は「テ・レンガ・ワイルア」といい、「精霊が大きく飛び立つ地」を意味する。伝統を固く守る先住民族マオリの伝承では、死者の魂はここから冥界へ向けて旅立つとされる。岬に立つ樹齢800年のポフツカワの木の周りに集まった魂は、木の根に沿って水面を滑り、近くのスリーキングス諸島、そしてマオリの原点であるハワイキ島へと向かうのだ。しかし船乗りから見ると、レインガ岬は別の理由で畏怖の対象となっている。太平洋とタスマン海の分岐点に位置するため海流が激しく、航海には危険がともなう。潮流が風向きに逆らうと荒波が猛烈に襲いかかる。1769年、レインガ岬を数日違いで発見したクック船長とシュルベイユ船長は、2人とも激しい海流に言及している。1966年には、石炭運搬船カイタワ号がこの湾の砂州に衝突し、沈没する事故が起きた。マヌカの花咲く野原が広がる海辺の崖の上にも、恐ろしい突風が吹き荒れている。柵もないので簡単に海に落ちかねない。そうなったらまさに地獄へ一直線だ。

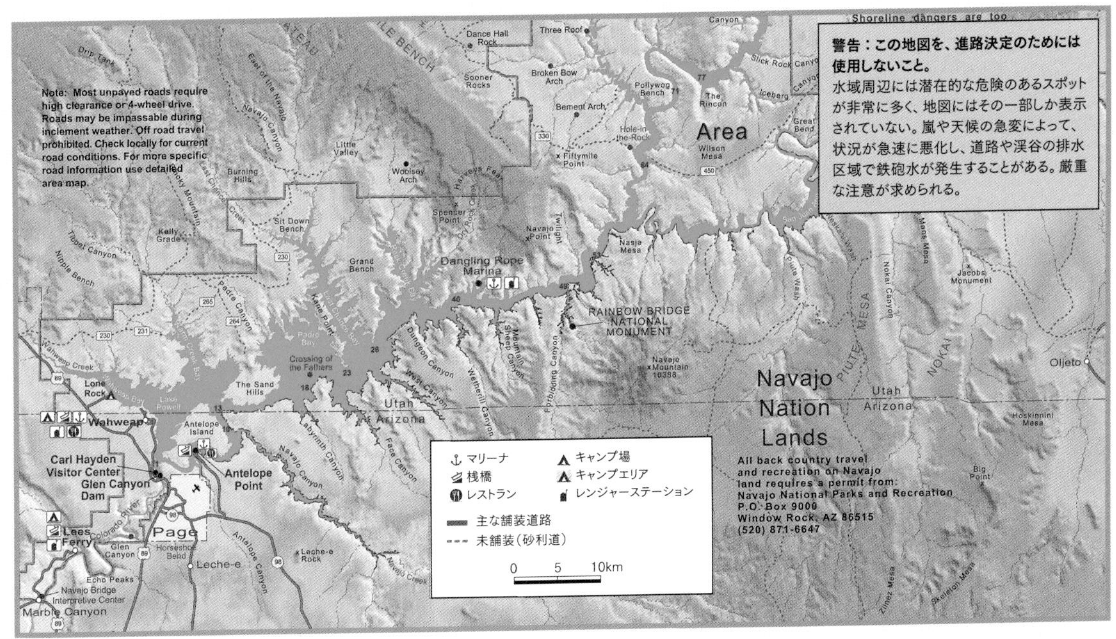

アンテロープキャニオン

砂漠の地下の洪水

砂漠の地下で出合う、自然の美しい造形。
美しさと隣り合わせの危険は空からやってくる。

アリゾナ州（米国）

暴風洪水現象

上：
ナバホ族の観光マップ。左下にアンテロープキャニオンがある。

左ページ：
地下を流れた川に浸食されてできた渓谷は、迷子の羊を探していたナバホ族の少女が発見したといわれている。

アリゾナ砂漠の中心部、ナバホ族居留地にある2つの渓谷は、写真家や大勢の観光客を魅了してやまない。しかし、美しい風景に幻惑されると、恐ろしいわなが待ち受けている。崇高な眺めが広がるアッパー・アンテロープキャニオンとローワー・アンテロープキャニオンは、美しいだけではなく、危険でもあるのだ。深く狭く切り立った崖に挟まれた2つの渓谷は、天才的な芸術家が光り輝く砂岩に刻み込んだ作品のようだ。波のようにうねる壁は、太陽が天頂に達するときだけ谷底まで染み渡る光によって、強烈なオレンジ色に照り映える。一度見たら、生涯忘れられないような光景だが、訪れる人には警戒が求められる。楽園は一瞬で地獄に変わり得るのだ。スロットキャニオン（大地にできた裂け目のような狭い渓谷）では避け難いことだが、危険は天からやってくる。広大で乾燥した砂漠の真ん中にありながら、意外なことに、恐るべきは水なのだ。大地の下に展開するこの風景を形作ったのも水だったことを忘れてはいけない。水は、前触れもなくいつでも谷に戻ってくる。たとえ今は遠くにある嵐でも、油断はならない。英語で「フラッシュフラッド（急で激しい洪水）」と呼ばれる鉄砲水は、この地ではよく知られた現象だ。アンテロープキャニオン観光がガイド付きツアーのみに限定されているのは、理由があることなのだ。それでも、事故は防ぎきれない。1997年8月12日、20キロ以上も離れた場所で発生した嵐によって渓谷が濁流に襲われ、11人が溺死する惨事が発生した。

デスバレー 過酷なワンダーランド

人を魅了すると同時に寄せつけない場所、
カリフォルニア州とネバダ州にまたがるデスバレーは、いくつもの世界記録を保持している。

デスバレー(死の谷)の谷底が広大な湖に覆われていたのははるか昔、1万年前のことだ。1849年、一攫千金を夢見てカリフォルニア一帯に砂金を採りにいく人たちが殺到したとき、現地への近道だと思ってここに来た一団がいた。しかし、西へ抜けるための峠が見つからず、数カ月間立ち往生し、ついに乾燥しきった谷に「死の谷」という名を付けたといわれている。飼っていた牛を食べ、荷車を燃やすことを余儀なくされ、1人の死者が残された。このような事件は今ではまれだが、それでも、デスバレーが安全というわけではけっしてない。1913年7月13日、デスバレーの村落、ファーニスクリークで観測された56.7℃という世界最高気温の記録は、今でも保持されている。そして、降水量は極めて少ない。しかし、極限まで過酷な土地は、発見が尽きない驚異のワンダーランドでもある。海面下86メートルにある乾いた湖、夜中に勝手に動いて奇妙な痕跡を残す石、浸食によってできた色鮮やかな砂丘や、キノコ

ネバダ州、
カリフォルニア州
（米国）

最高気温の世界記録：
56.7℃
（1913年7月10日）

のような形の奇岩、また黄色や紫の花が咲き乱れる野原に出合えるのだ。1920年代から観光客が訪れるようになったデスバレーは、今日では車道からでも観光ができ、開拓者でなくても、絶景スポット、ダンテズビューに行ってデスバレーの全景を見渡すことができる。しかし、極めて過酷な砂漠の170キロの道のりを横断するためには、いくつか必要な準備がある。エアコンのよく効く車を選び、オイルレベルゲージにつねに注意を払うこと。水を携帯すること。GPSによるカーナビを信用せず、最新の地図を携帯すること。出発前に道路の状態や気象警報を確認すること。この国立公園で出合う動物は野生で、伝染病を持っている可能性があり、かみつかれるかもしれないと覚えておくこと。最後に、それでもデスバレーの冒険に挑みたいという方には、現地当局発行のパンフレット「ホットウェザーヒント集」の入手を強くお勧めする。酷暑の中を旅し、まるで月面のような奇景を最大限に楽しむための実用的なアドバイスが満載されている。

上：
デスバレーの山歩きは、壮大なスケールのパノラマが楽しめる反面、わずかな油断が危険を招く。

右：
レーストラックプラヤは、デスバレーの干上がった塩湖跡。寒波の際に雨が降って氷が解けると、自然に石が転がる現象で知られる。

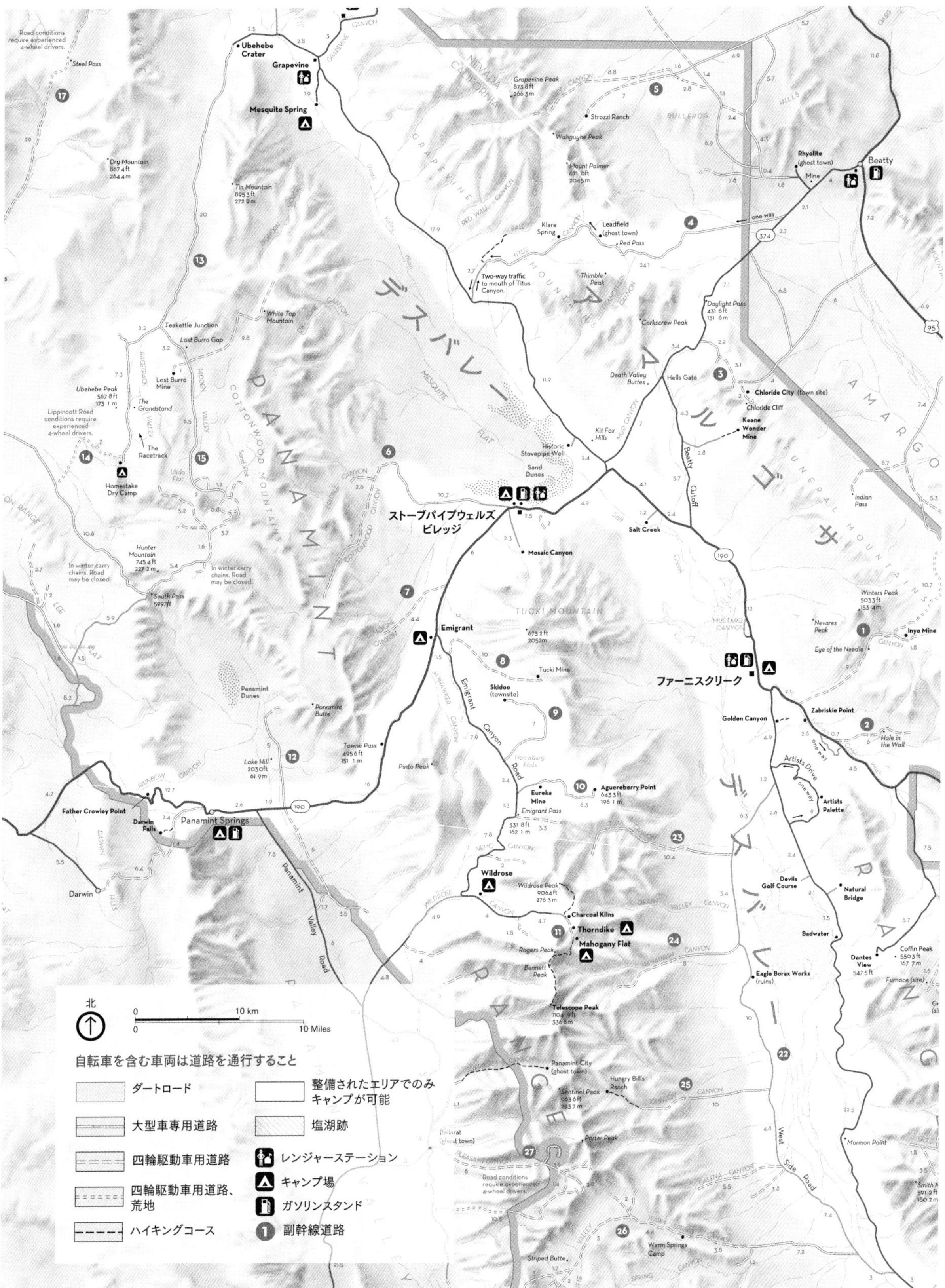

Road conditions require experienced 4-wheel drivers.
Steel Pass
Ubehebe Crater
Grapevine
Mesquite Spring
Grapevine Peak
8738ft
2663m
NEVADA
CALIFORNIA
Strozzi Ranch
BULLFROG
Wahguyhe Peak
Rhyolite
(ghost town)
Mine
Beatty
Dry Mountain
8674ft
2644m
Tin Mountain
8953ft
2729m
Mount Palmer
7610ft
2045m
GRAPEVINE
RED WALL CANYON
Klare Spring
Leadfield
(ghost town)
Red Pass
one way
374
Two-way traffic to mouth of Titus Canyon.
Thimble Peak
デスバレー
Teakettle Junction
White Top Mountain
Lost Burro Gap
Lost Burro Mine
Daylight Pass
4316ft
1316m
Corkscrew Peak
95
Hells Gate
Death Valley Buttes
Chloride City (town site)
Chloride Cliff
Keane Wonder Mine
Ubehebe Peak
5678ft
1731m
The Grandstand
Lippincott Road conditions require experienced 4-wheel drivers.
The Racetrack
Homestake Dry Camp
COTTONWOOD MOUNTAINS
PANAMINT
MESQUITE FLAT
Kit Fox Hills
Historic Stovepipe Well
Sand Dunes
Beatty Cutoff
AMARGOSA
FUNERAL MOUNTAINS
Indian Pass
ストーブパイプウェルズビレッジ
Salt Creek
Mosaic Canyon
Hunter Mountain
7454ft
2272m
In winter carry chains. Road may be closed.
South Pass
5997ft
190
TUCKI MOUNTAIN
6732ft
2052m
MUSTARD CANYON
Winters Peak
5033ft
1534m
Nevares Peak
Inyo Mine
Eye of the Needle
Emigrant
Tucki Mine
ファーニスクリーク
Panamint Dunes
Panamint Butte
Skidoo
(townsite)
Emigrant Canyon Road
Golden Canyon
Zabriskie Point
Hole in the Wall
Towne Pass
4956ft
1511m
Lake Hill
2030ft
619m
Pinto Peak
Harrisburg Flats
Artists Drive
one way
RAINBOW CANYON
Father Crowley Point
Darwin Falls
Panamint Springs
Eureka Mine
Aguereberry Point
6433ft
1961m
Emigrant Pass
5318ft
1621m
Artists Palette
NEMO CANYON
Panamint Valley Road
Darwin
Wildrose
Wildrose Peak
9064ft
2763m
Charcoal Kilns
Thorndike
Mahogany Flat
Rogers Peak
Bennett Peak
Telescope Peak
11049ft
3368m
Devils Golf Course
Natural Bridge
Badwater
Dantes View
5475ft
Coffin Peak
5503ft
1677m
Furnace (site)
Eagle Borax Works
(ruins)
北
0
10 km
0
10 Miles
自転車を含む車両は道路を通行すること
ダートロード
整備されたエリアでのみキャンプが可能
大型車専用道路
塩湖跡
四輪駆動車用道路
レンジャーステーション
四輪駆動車用道路、荒地
キャンプ場
ガソリンスタンド
ハイキングコース
副幹線道路
Panamint City
(ghost town)
Sentinel Peak
9636ft
2937m
Hungry Bill's Ranch
JOHNSON CANYON
Ballarat
(ghost town)
Porter Peak
PLEASANT CANYON
Road conditions require experienced 4-wheel drivers.
West Side Road
Mormon Point
GALENA CANYON
Warm Springs Camp
Striped Butte

ナイカ クリスタルの洞窟

洞窟はまるで天然のオーブンのようだ。中に入ると10分で窒息の危険が生じる。

ナイカの洞窟に降りようとする人たちには、警告しなくてはならない。見た目の美しさとは裏腹に、洞窟内の空気は人間にとって非常に危険だ。きらびやかなクリスタルの洞窟は1999年、地下300メートルにあるナイカ鉱山の坑道の1つで発見され、採掘のために水を抜く作業が行われると、内部にアクセスできるようになった。このとき初めて見つかったのが、前代未聞の大きなセレナイトの結晶が林立する光景だった。結晶は最大で11.4メートル、55トンにも及ぶ。しかし、これを採掘するためには入念な準備が求められる。なぜなら、洞窟内の気温は55℃以上、湿度は100パーセントに近いからだ。呼吸するだけで肺に異常が生じかねず、人間の生存が脅かされる環境なのだ。そのため、結晶に閉じ込められた太古のウイルスや花粉の調査に訪れる科学者も、酸素マスクや氷を詰めたスーツといった対策で適温を保つことが必須となる。空気の状態については、洞窟が地質学的な断層を土台としてい

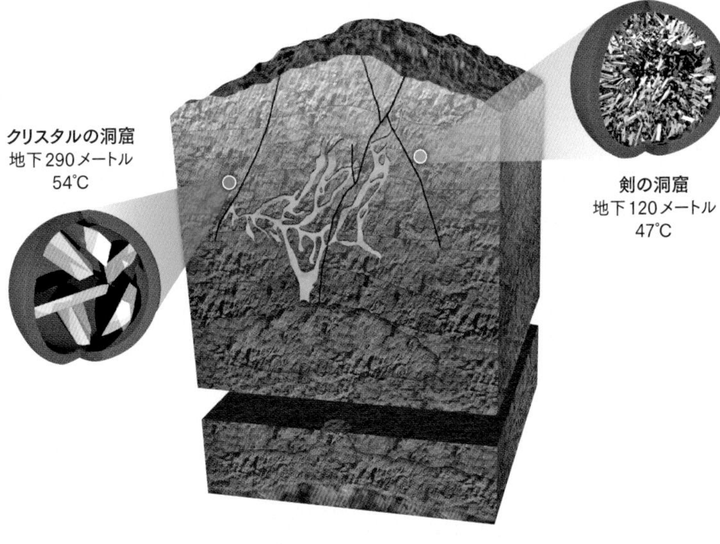

チワワ州
（メキシコ）

54℃

て、泡立つマグマだまりの上にあるという事実によって説明できる。洞窟内の水を50℃以上にするほどのマグマの熱が、約60万年もの間、結晶を形成してきた。このプロセスは、1985年に水を汲み上げることで中断されたが、2017年に鉱山が閉鎖され、洞窟が浸水したことで再開された。もちろん、魔法のように光り輝く熱い洞窟を再び探検したいという夢を抱く人がいたら、誰にも止めることはできない。しかし、注意事項をしっかりと心にとどめておく必要がある。

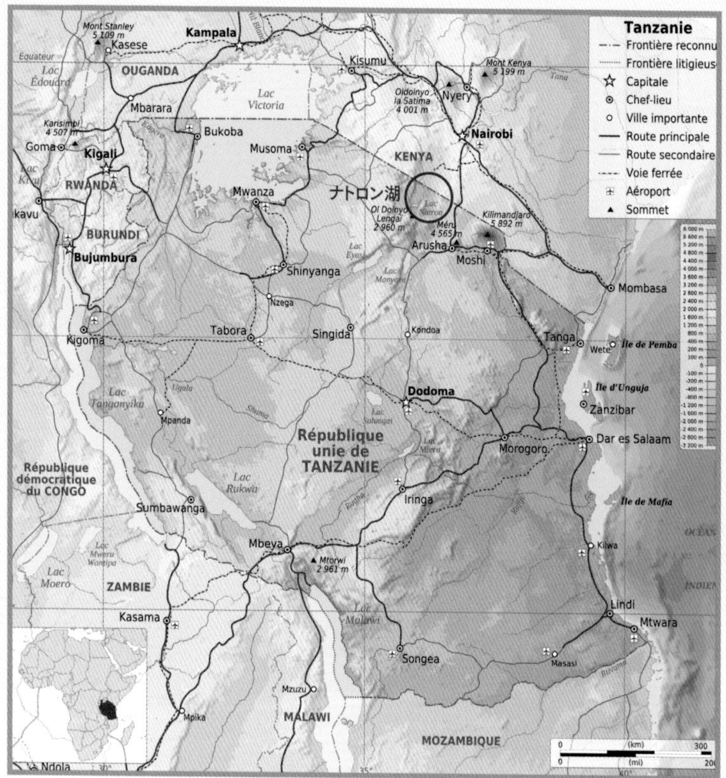

ナトロン湖

生き物を石灰化させる死の湖

フラミンゴにとっての楽園は、人も他の動物も暮らせない危険な湖だ。

タンザニア

pH10.5という
強アルカリ性の湖水
(中性はpH7)

右ページ上：
高い塩分濃度に耐えられるまれな植物、シアノバクテリアとスピルリナが繁殖しているため、湖は不気味な濃い赤色をしている。

右ページ下：
コフラミンゴは、肉食動物を寄せつけないナトロン湖の特殊な条件のおかげで繁殖している。

64-65ページ：
マサイ族の誇り、ゲライ山を映す湖。

タンザニアの北部、ケニアにほど近い地域、誇り高きマサイ族の領土に、鮮やかな赤色の水をたたえたナトロン湖がある。塩が結晶化してできた白い透かし模様と赤い湖水が広がり、血の海のように見える。浅い湖底にぎっしりと繁殖したスピルリナを食べにくるコフラミンゴを除いては、湖周辺では人も動物も暮らせない。ナトロン湖は2つの火山に挟まれた盆地にあり、水源は、ごく少ない雨のほかはわずかに注ぎ込む川のみという内陸流域（海洋に直接通じていない湖）である。湖水は60℃と高温のため、蒸発が早い。その結果、数千年前に谷底を占めていた淡水は徐々に姿を消し、巨大な天然の塩田が残されている。粘性のある湖水はpH9~11と強いアルカリ性を示し、炭酸水素ナトリウムを多く含む鉱物であるナトロンが溶け込んでいて、これが湖の名前の由来になっている。ナトロン湖には「死の湖」という不吉な別名がある。ナトロンは、古代エジプトでファラオの司祭が浄めに使う神聖な塩として、またミイラの防腐処理で遺体を乾燥させるために使われた。湖水に長く身を浸すなら、間違いなく、ここに来る鳥たちと同じ運命をたどることになるだろう。湖には、石灰化した鳥の死骸があちこちに見られる。塩の彫刻と化した鳥たちは、美しい湖の危険を、身をもって示している。

モンサンミシェル湾

疾走する馬のように上昇する海

伝説と現実、流砂と潮の狭間に浮かぶモンサンミシェル。
潮の満ち引きは、ここを歩く人にとって常なる脅威となっている。

モンサンミシェル周辺には、古くから「海は疾走する馬のような速さで上昇する」という言い伝えがある。これを単なる伝説だと思い込み、モンサンミシェル湾は平和な海辺に過ぎないと信じている人もいる。しかし、現実はそう甘くないことが、数カ国語で書かれた注意書きに示されている。毎日満潮時に約4時間、一帯を見守る監視システムが稼働している。3人（監視責任者は修道院教会の鐘楼、2人目は北塔、3人目は沿岸のベックダンデーヌにいる）が双眼鏡を持ち、海上での監視と救助を行うジョブール作戦センターと無線で連絡を取り合っている。ヘリコプターは、通報から20分以内に到着できるようにつねに準備していなくてはならない。なぜなら、毎年10万人が徒歩で湾を横断しており、観光客が多い分、事故が起きる可能性も高いからだ。突然の濃霧、ゲリラ豪雨、

ノルマンディー
（フランス）

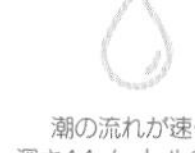

潮の流れが速く、
深さ14メートルの水が
時速5～15キロで流れる

近隣のクエノン河口ダムの放水、そして砂流など、リスクは枚挙にいとまがない。伝説を信じるにせよ信じないにせよ、危険は確かに存在する。砂に埋もれたことによる死者がいまだ報告されていないからといって、危険がないことにはならない。それはアルキメデスの原理に基づく浮力により、人間は自分の体よりも密度の高い媒体には沈まないからだ。それでも望むなら、満ち潮に向かって、砂に足を突っ込んでたたずんだままでいることはできるが、恐ろしい目に遭うだろう。少なくとも、海水に囲まれた砂州で孤立したり、霧の中で海岸の位置が分からなくなったりするという恐怖を味わうことになる。モンサンミシェルの監視塔は機能しているが、絶景が広がる湾を徒歩で渡ろうとする人には、ガイドに同行してもらうよう強く勧める。

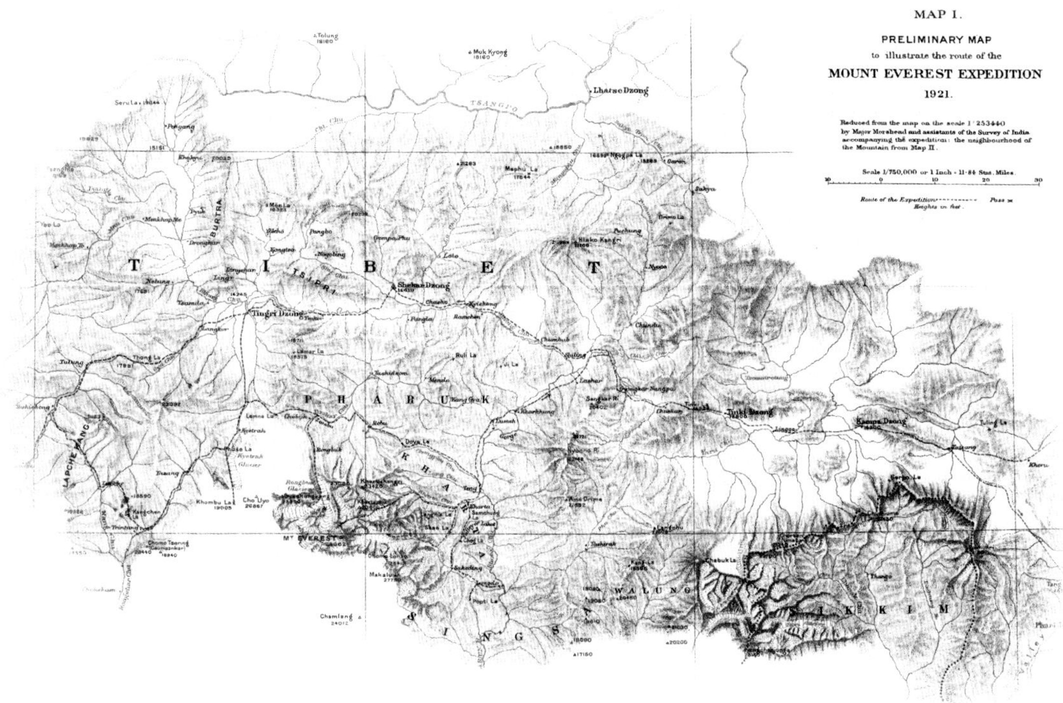

エベレスト 標高世界一の墓地

標高8000メートルを超えた地点では、平均余命は約12時間となる。

ネパール・中国国境
(ヒマラヤ山脈)

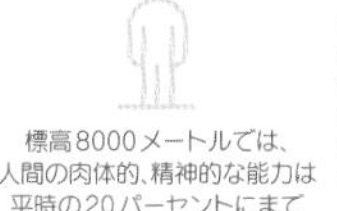
標高8000メートルでは、人間の肉体的、精神的な能力は平時の20パーセントにまで低下するという

上：
1921年、英国チームが率いた世界初の登山隊のルートを示した地図。

左ページ上：
「世界の屋根」に登るには、恐るべき努力と犠牲を払わなくてはならない。

左ページ下：
エベレストで遭難した死者の3分の1は、わずかな報酬で登山家の装備を運ぶネパール人シェルパが占める。

1953年にエドモンド・ヒラリーとテンジン・ノルゲイが初登頂して以来、極端な天候や困難な地形をものともせずにエベレスト山頂を目指した人は、4000人を超える。しかし、そのうちの300人近くが命を落とし、その半数は今も解けることのない雪に埋もれている。また、死者の3分の1以上は雪崩か落下によるものだが、それよりずっと多いのは、悪名高い「デスゾーン」に閉じ込められて死ぬ人だ。標高8000メートルの白く静かな空間では、大気圧の低下と酸素欠乏により、呼吸補助具を利用しない限りは、精神力と身体能力が平時の20パーセントにまで低下してしまう。1924年に人類初のエベレスト登頂を試みて亡くなった登山家ジョージ・マロリーは、1999年にミイラ化した遺体が発見された。このように山にのみ込まれて帰れなくなる人もいる。そして、途中で倒れた人たちの遺体は、頑として世界の頂上を目指す人たちにとって不気味な目印となる。例えば1990年代半ば以降、緑色のブーツを履いた登山家の身元不明の遺体が「グリーンブーツ」と呼ばれ、標高8500メートル地点の目印とされている。1996年に女性として初めて登頂に成功した米国人フランシス・アーセンティエフの遺体も道の脇にうずくまるような状態で横たわっていたが、2007年に友人たちが率いる「タオ・オブ・エベレスト」探検隊が何とか人目につかないように隠した。それが限界である。登山家やシェルパは、この標高では身体が極限の状態に置かれ、仲間を運ぶことはおろか、引っ張ることさえできなくなるからだ。エベレストに挑んで失敗した者は氷と雪に覆われ、孤独に死んでいく運命にある。

クロワール・デュ・グーテ

登山道を襲う落石

モンブランには頻繁に落石が起きる岩場がある。
そこでは恐怖心も危険をもたらす。

モンブランの山頂を目指すルートにあるクロワール・デュ・グーテで登山中に命を落とした人は、1990年以降に限っても100人を超える。標高3167メートルのテートルース小屋と標高3835メートルのグーテ小屋の間にある岩溝であるこのクロワール（岩場の狭い岩溝）は、モンブランの山頂を目指す主要な登山ルートに位置し、毎年数万人の経験豊かな登山家が集まる。このエリアの最大の危険は落石であり、特に夏季は乾燥でもろくなった岩塊が崩れ、覆いのないクロワールに落下しやすくなる。ただし、2012年に実施された事故調査では、登山家が落石を恐れるあまりに駆け足で通過しようとし、疲労や技術的なミスにより事故に至るケースが少

上：
特に暑い季節の午前11時～午後2時は、崖崩れや落石が起きやすくなる。

右：
クロワール・デュ・グーテを通る登山ルート。

モンブラン山塊（フランス）

頻繁な落石

なくないことが明らかになった。では、どうすればクロワールを安全に通過できるのだろうか。山小屋では登山者向けに情報リーフレットや天気予報を提供している。危険地帯では、クロワールから尾根の終点まで安全ケーブルが張りめぐらされ、ドーム・デュ・グーテの斜面には道標が設置されている。しかし、これらの対策は、特に山岳ガイドの間で議論を呼んでいる。むしろ、初心者には安全だという錯覚を与えてしまい、必要なロープを使わなくなるという意見もあるのだ。山岳ガイドのアドバイスははっきりしている。ヘルメットをかぶり、走らず、しかし躊躇もせず、美しく危険な高山にふさわしい警戒心と冷静さをもって登るようにというものだ。

紅海のブルーホール

死の危険が潜む海底の大聖堂

ブルーホールの入り口の崖には、何十枚もの記念プレートがあり、
海底に死の影が潜んでいることを教えてくれる。

近づくダイバーを美しさで夢見心地にさせると同時に、死の淵に瀕する恐怖を与える海の絶景スポットがある。エジプト、シナイ半島の東、ダハブから数キロのところにある紅海のブルーホールは、海底にある深く丸い陥没穴だ。ここでこれまでに200人近いダイバーが命を落としている。もとは深さ130メートルの洞窟だったが、氷河期の終わりに石灰岩の天井が崩れて穴になったと考えられている。その後、海はこの穴をのみ込み、周囲にはサンゴ礁が形成された。水色、紺色、ターコイズブルーに彩られ、赤い山々に映えるブルーホールは、あまりの美しさにダイバーが酸素残量を確認するのも忘れるほどだといわれる。しかし実際には、エジプト政府が入り口に配置している警備員が熱心に教えてくれるように、最大の危険は水深52メートルのサンゴに囲まれたトンネル、通称アー

シナイ半島(紅海)

深さ130メートル

左ページ：
地元の伝説によると、若い女性が強制結婚から逃れるために入水自殺し、ブルーホールの呪いのもとになった。

上：
ガス昏睡により、ダイバーは方向感覚が麻痺し、海面が見つけられなくなる。

チにある。ここを最後までくぐり抜けて外海に出られるという自信を持つのは向こうみずなダイバーだけだ。暗い海底で方向感覚を失い、アーチが見えないまま進み、さらに深く潜ってガス昏睡（窒素の血中濃度が過剰になる）にやられるケースが多い。あるいは、目の前に現れるトンネルが、強い潮流の中を26メートル近くも蛇行する狭い通路であることを知らずに、何の準備もなく入っていくダイバーもいる。プロでもアマチュアでも逃れられない死の危険が潜むブルーホールは、海底の大聖堂とも呼ばれている。

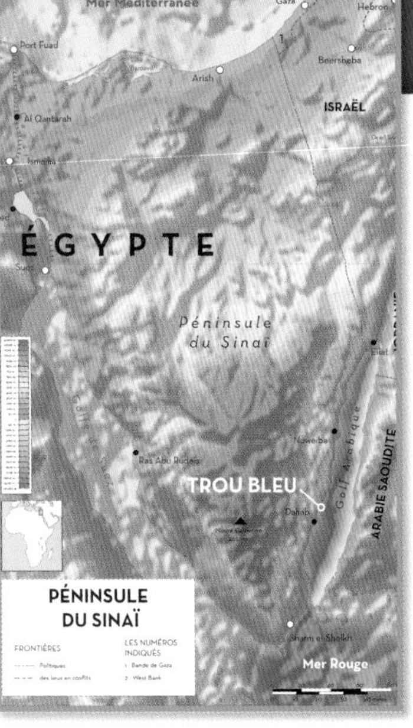

パナマ・コロンビア国境

住民と旅行者を危険にさらす無法地帯

ダリエン地峡

危険に満ちたジャングルと無法地帯

パナマとコロンビアの間にある
100キロ以上に及ぶ一帯は、
今なお危険に満ち、人間の立ち入りを拒んでいる。

アラスカのプルドーベイから、アルゼンチン、ティエラ・デル・フエゴ州ウシュアイアへ延びる2万1000キロあまりの舗装された自動車道路は、広大な大地のドライブを夢見る人たちを引きつけてやまない。しかし1つだけ問題がある。ルートの途中、パナマ地峡の東側にある約100キロの区間は未着工のままなのだ。そして、スペイン語で「タポン・デ・ダリエン」、つまり「ダリエンの栓」とも呼ばれるダリエン地峡を抜ける道はほかにない。中米と南米の接続地点（正確には分断地点というべきだが）であるこの地は、ジャングルが生い茂り、コロンビア側は人を寄せつけない沼地、パナマ側は山岳地帯の熱帯雨林からなる危険区域だ。国境の両側にはパナマのダリエン国立公園とコロンビアのロスカティオス国立公園があり、これが道路建設を中止すべき正当な理由だとの意見もある。また、歴史的にこの土地に住んでいたクナ・インディアンを中心とする先住民族は、自分たちが徒歩やカヌーで移動するため、やはり道路建設に激しく反対している。これらに加えて、ダリエン地峡越えをやめておいたほうがいいもう1つの理由としては、人口の少ないこの地域がコロンビア解放軍をはじめとする反政府勢力や麻薬密売人に占領されていることが挙げられる。解放軍とコロンビア当局との協議は続いており、最新情報によるとゲリラ活動は休戦しているようだが、当面は沼地への侵入は避けたほうが無難だろう。安全な陸路がないため、ダリエン地峡を越えるには、船か飛行機の2択になるが、それでも、あえて陸路に挑戦する強者もいる。1991年には、数週間かけて自転車で走破することに成功した冒険家がいた。1985年には、ローレン・アプトンとパティ・メルシエが全地形対応ジープでダリエンの200キロの道のりを完走したが、741日間もかかっている。

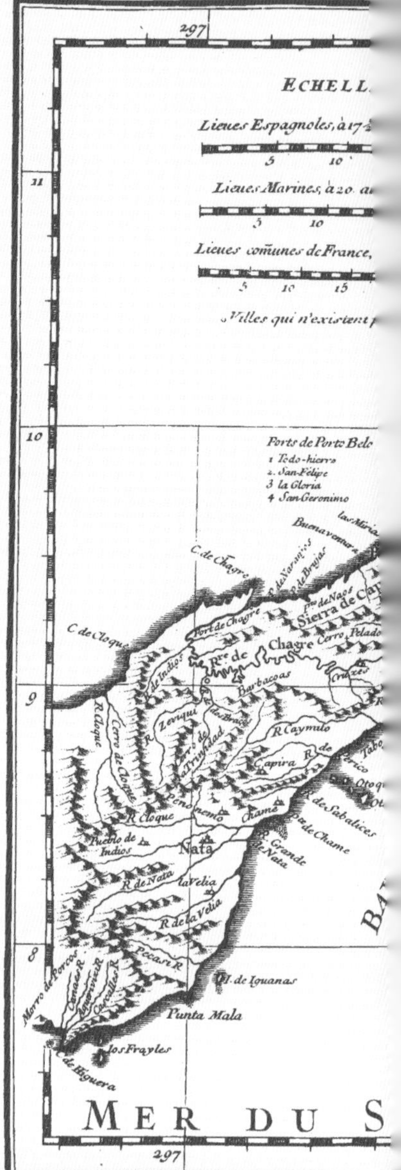

上：

1730年に出版されたダリエン地峡の地図。当時から、ヨーロッパ人の影響を受けていない生活様式を保持する「未服従のインディアン」が住む土地であり、アクセスが非常に困難な地域とされていた。

左ページ：

コロンビアとパナマの国境にあるダリエン地峡のジャングルの近くには、楽園のようなビーチで知られるカプルガナが飛び地のように存在する。ここには船でしかアクセスできない。

76-77ページ：

パナマ国境からほど近いダリエン地峡のジャングルにある滝。

有害物質のわな

身の安全を考えるなら立ち入ってはならない場所がある。インドネシアのジャワ島では、チタルム川の汚染により、地元住民に深刻な病気が蔓延している。チョルノービリ（チェルノブイリ）では、放射性物質の粒子が今も拡散している。そして、世界各地で、潜在的な危険をともなう放送局のアンテナ建設に対する反対運動が盛んに行われている。

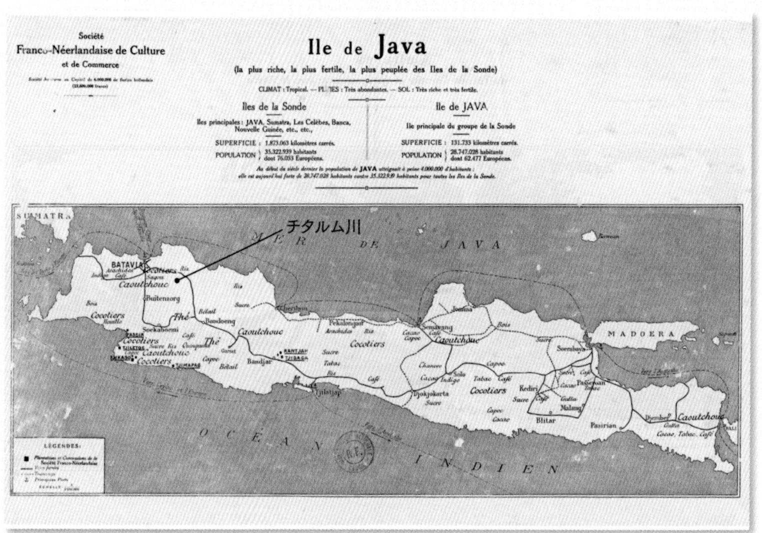

チタルム川

世界一汚染された川

この汚染状況では、地元住民が病気にならないわけがない。化学物質とプラスチック廃棄物だらけのチタルム川は、世界で最も汚染された川といわれる。

ジャワ島（インドネシア）

川の長さ 297キロ

上：
チタルム川はジャワ島で最も重要な川だ。

右：
重金属やプラスチック廃棄物のせいで、チタルム川は野外のゴミ捨て場になっている。

82-83ページ：
川の水位が高いため、汚染物質が内陸に運ばれる。

インドネシアの首都ジャカルタの水需要の8割をまかなうチタルム川は、まさに野外のゴミ捨て場だ。川の水は、支流にある約600の繊維工場で、そのときに生産されている衣服によって、赤、青、黄、緑と色を変える。ファストファッションを扱うこれらの工場には、公式には浄化フィルターが設置されていることになっているが、実際には1日280トンもの産業廃棄物が自然界に垂れ流しになっている。これは、水生動物にとっては死刑宣告であり、人間にとっては皮膚病、呼吸器感染症、重金属中毒など、健康上のリスクが日常的に続くことを意味する。300キロ近くにわたって流れる川の化学物質による汚染で、1400万人のインドネシア人が影響を受けている。毒物学者は、鉛、亜鉛、クロム、銅の濃度が非常に高く、水銀の濃度は公認基準値の100倍に達すると指摘する。しかし、地元住民は、飲料水、洗濯水、農園の灌漑用水として、この唯一の水源を使い続けるしかない。彼らの生活を支える工場が、その健康を脅かすという恐ろしい悪循環が続く。このような事態を招いたのはファッション業界だけではない。食品産業、特に豆腐工場は、水の深刻な酸性化を引き起こしている。さらに、埋立地や廃水処理施設がないために、住民によって生活ごみが川に大量に捨てられている。健康と環境の緊急事態に直面し、インドネシア政府は2025年までに川を浄化すると約束した。軍隊、警察、司法を動員しての大規模な作戦となる。チタルム川はその日を待ちながら、今日もまた死を運んでいる。

AHLI GIGI

Alfamart
Alfamart

0.22
ЕКОТЕСТ®

カラチャイ湖

核兵器製造が招いた生態系破壊

強い放射能のせいで、この湖のほとりで1時間過ごした人は死んでしまう。

チェリャビンスク州（ロシア）

世界で最も汚染された場所

上：
マヤーク核施設の従業員は、放射能汚染のために家を捨てなければならなかった。

左ページ：
地域の放射線量は、1990年の調査で1時間・1キログラムあたり37ギガベクレル。人間が1時間で死亡する量を超えている。

米国の民間環境問題研究団体、ワールドウォッチ研究所の報告書によると、ウラル山脈にある小さな湖、カラチャイ湖は世界で最も汚染された場所である。湖は1950年代からソ連の放射性廃棄物の野外投棄場として使われてきたことから、世界一の汚名は当然の結果ともいえる。ソ連の核兵器製造のため、極秘裏に建設されたマヤーク核施設が、周辺地域の生態系破壊をはじめとするさまざまな惨状を招いている。マヤーク核施設から、数百万立方メートルもの放射性廃棄物がテチャ川に投棄され、カラチャイ湖をはじめ周辺の湖は開放型の貯水池として利用されるようになった。そして1957年9月29日、タンクの爆発で2万3000平方キロを覆う放射能雲が発生した。被曝した住民はがん、白血病、奇形の被害に見舞われた。ソ連は20年間、この核災害の存在を否定してきたが、現在ではカラチャイ湖は、チョルノービリ（チェルノブイリ）と並ぶ世界有数の放射能汚染地域とされている。1967年、強風がカラチャイ湖の放射性粉塵を約1200平方キロの範囲に飛散させ、数千人が被曝した。1970年代後半には、放射性のヘドロが水面に上がってくるのを防ぐため、湖の底にコンクリートの石棺が設置された。マヤーク核施設を管理するロシア連邦原子力庁（ロスアトム）が安全宣言をしたものの、地元住民はいまだに土壌と水に含まれる深刻なレベルの放射能にさらされており、将来は事態がさらに悪化する見通しだ。地域全体が、今後数千年も続く放射能汚染に見舞われている。特にカラチャイ湖は、近づくだけで死の危険が及ぶほど汚染が深刻だ。

プリピャチ

チョルノービリの亡霊

30年たった今も、チョルノービリ（チェルノブイリ）周辺には事故の傷跡が残る。そして、好奇心旺盛な人々を引きつけてやまない。

これほど短く、そして悲劇的な運命をたどった町は珍しい。プリピャチは、1970年に原子力発電所の従業員を収容するために作られ、1979年に正式にできた町だった。しかし7年後には完全に閉鎖された。チョルノービリ原子力発電所から3キロの場所にあった町の全住民5万人が、原発事故の翌日、1986年4月27日に町を捨てて避難した。その結果、原発周辺の立ち退き区域（30キロ圏内）の中心にある町はゴーストタウンと化した。発電所4号機の爆発後、住民は3日以内の帰還を約束され、すべての荷物を置いて緊急避難した。やがて、空になった町には50万～80万人の「リクビダートル（清算活動をする人）」がやってきた。原子炉の火災を消火し、発電所の周りに初代の石棺を急遽建設し、爆発によって放出された高放射能黒鉛元素を片付ける役割を担ったのだ。現代のポンペイともいうべきこの町には、集合住宅も、公園も、学校も、開園前の遊園地もすべてそのまま残され、辺りにはハイ

キーウ地区
（ウクライナ）

1週間で
危険なレベルの被曝

88-89ページ：
幻に終わったプリピャチ遊園地。1986年4月30日に開園する予定だったが、その4日前に原発事故が起きた。

イロオオカミ、イタチ、イノシシといった野生動物が闊歩していた。しかし、放射能はまだ危険なレベルにあり、リクビダートルに忘れ去られたまま廃棄物が埋もれている場所もある。放射能が消滅するまで4万8000年は要するだろうと推定されている危険地域だが、プリピャチの中心部では、ローマ時代の遺跡や古代インカの都市を訪れるかのように歩く観光客のグループが珍しくない。そして2018年4月からは手続きが簡略化され、冒険好きな人はチョルノービリ原子力発電所の見学ツアーに参加できるようになった。申込フォームは、ウクライナ緊急事態省のウェブサイト（visit.chnpp.gov.ua）で入手できる。ツアーでは、約100の廃墟を見学できること、数回の線量測定チェックを行い、被曝量は最大2マイクロシーベルトの範囲内に抑えられることを保証している（2023年7月現在、ツアーは中止されている）。

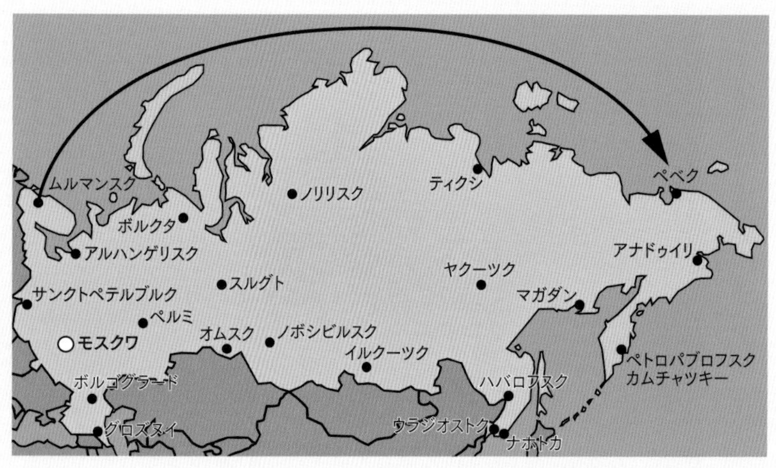

アカデミック・ロモノソフ号

海に浮かぶチョルノービリ

北極海を航行する原子炉搭載のバージ船は、
まさしく21世紀の海の怪物だ。

ロシア

発電所は10万人分の
消費電力をまかなえる

右ページ上：
18世紀の偉大な科学者ミハイル・ロモノソフの名を冠するロシア初の船舶型原子力発電所。

右ページ下：
ロシア東部の港町、ペベク。

2019年8月、世界に類を見ない1隻の船、アカデミック・ロモノソフ号がロシアのムルマンスク港を出発し、東シベリア海の辺境の町ペベクを目指す4700キロの旅に出た。船内には、1基35メガワットの原子炉2基を動かすことができる量のウランが積まれていた。ロシア連邦原子力庁（ロスアトム）によって建造され、「どんな遠隔地にもクリーンなエネルギーをもたらすことができる」という、科学的に重要な初めての試みとされた。2019年末、同船は目的地に到着してビリビノ原子力発電所と交代し、この地域に電力を供給することになった。ビリビノ原発閉鎖のニュース自体は、むしろ安心材料といえる。チョルノービリ（チェルノブイリ）世代の世界最北の発電所は、地球温暖化の影響を強く受ける永久凍土（およびその上にある万年雪）の融解により、不安定になることが懸念されていた。しかしこの原発を、船に搭載された原子炉に置き換えるという計画となると、話はまた別だ。ロスアトムは透明性においてけっして褒められた評判を得ていないが、このプロジェクトの安全性については長い道のりの先駆者であると宣言し、こまめに情報を発表している。しかし、グリーンピースをはじめとする環境保護団体は、「原子力タイタニック号」とも呼ばれる船の安全性に大きな懸念を表明している。嵐のときはどうなるのか？　他の船と衝突したら？　5000人あまりの住民が暮らす港の中心に係留された船に搭載された原発の安全性をどのように確保できるのか？　特に北極海域の天候は激しく、予測不可能な嵐も多い。グリーンピースによれば、船は事故に対して脆弱であるうえ、この地域には放射性廃棄物処理場が備わっていないことから、アカデミック・ロモノソフ号は動きまわる危険にほかならない。まさに「海に浮かぶチョルノービリ」として恐れられている。

ビキニ 失われた楽園

かつて、楽園のようだった環礁は、核実験の後、放射能汚染のために放棄された。

ビキニ環礁はミクロネシアのマーシャル諸島にあり、水着のビキニの由来になったことで知られている。2枚の三角形の布と小さなショーツが小さな箱に入れられ、「ビキニ、最初の解剖学的爆弾!」といううたい文句で商品化されたこともある。ビキニについてあまり知られていないのは、1946年から1958年の間に、原爆と水爆合わせて23回の投下実験によって、ビキニ環礁が壊滅的な被害を受けたことだ。これは、冷戦時代に米国が海上での核兵器の影響を調べるために行った「クロスロード作戦」をはじめとする核実験によるものである。ビキニ環礁の住民は、近くのロンゲリック環礁に移住するよう「招待」されたとき、二度と故郷に帰れないことを知る由もなかった。米軍は、核実験用の船団がビキニ環礁の周囲に入れるように、まずサンゴ礁の地盤を破壊した。航空機から投下されたギルダ爆弾（映画『ギルダ』でリタ・ヘイワースが演じた役から命名）は、メディアを騒がせた割には期待はずれの結果となっ

上：
1946年、ビキニ環礁で行われたクロスロード作戦の2度目の実験、「ベーカー実験」でできたキノコ雲（モノクロに着色）。

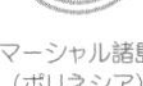
マーシャル諸島
（ポリネシア）

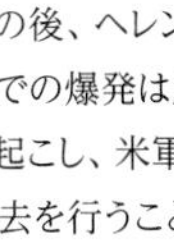

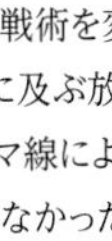

環礁には
もう住人はいない

た。爆発で数隻の船が沈没し、放射能によって船内の実験動物の3分の1が死んだ。その後、ヘレン爆弾に戦術を変更したが、水中での爆発は広範囲に及ぶ放射能汚染を引き起こし、米軍はガンマ線による汚染の完全除去を行うことができなかった。科学的にも生態学的にも大惨事となったこの実験により、ビキニ環礁は人間が住めなくなり、「来るべき核時代の象徴」として世界遺産に登録されている。現在では、ラグーンの底に眠る空母サラトガの放射能汚染された船体を、わざわざお金を払って探検する物好きなダイバーを除いては、誰も近寄ることはない。

サンタ・マリア・
ディ・ガレリア
（ローマ）

安全基準を最大7倍上回る
11本のアンテナ

バチカン放送局

健康リスクとなる送信アンテナ

目に見えず、耳にも聞こえないまま
忍び寄る送信アンテナによる電磁波汚染。
それはバチカン放送局だけでなく、
世界中で起きる可能性がある。

神の道は奥深い。ローマ教皇の声を40カ国語で世界に広めるには、巨大な通信設備が必要となる。バチカン放送局はバチカン建国直後の1931年に設立された。当初バチカン庭園から短波で放送していたが、1957年にローマ近郊の町、サンタ・マリア・ディ・ガレリアに移転した。高さ100メートル近い赤と白のストライプのアンテナが20本ほど林立し、その1本は金色の十字架を頂いている。問題は、この地区が高度に都市化されていることで、この光景を地元住民はこころよく思っていない。安全基準の最大7倍に達する電磁波が出ていることから、伝達の守護聖人である大天使ガブリエルの保護下にあるなどといわれても、住民は納得しない。特に子どもたちの間で腫瘍や白血病が多発したため、2000年代初頭には住民がバチカンのサンピエトロ広場でデモを行い、「神よ、バチカンから私たちを守りたまえ」と怒りを露わに訴えた。2005年、ラジオ局の責任者2人が「電磁波汚染」の罪で執行猶予付き禁固刑の判決を受けたが、その後、無罪放免となり、原職復帰した。バチカン放送局は合法的な放送を行っていると主張し続けていたが、5年にわたる科学的な調査の結果、2010年、電磁波を浴びていることと子どものがん増加との間に「有意で一貫した」関連性があることがついに認められた。このリスクは、少なくとも10年間、送信施設から半径5~9キロ以内に住んでいる人に特に高い。2017年にバチカン・ニュースと名前を変えたバチカン・ラジオ局は、中波と短波での送信を徐々に停止している。しかし、世界各地に存在する、送信アンテナによる健康リスクの問題は解決されていない。

左ページ：
サンタ・マリア・ディ・ガレリアに林立するバチカン・ラジオ局のアンテナ。右端にはローマ教皇の十字架が飾られたアンテナが見える。地域住民には崇拝どころか嫌悪されている。

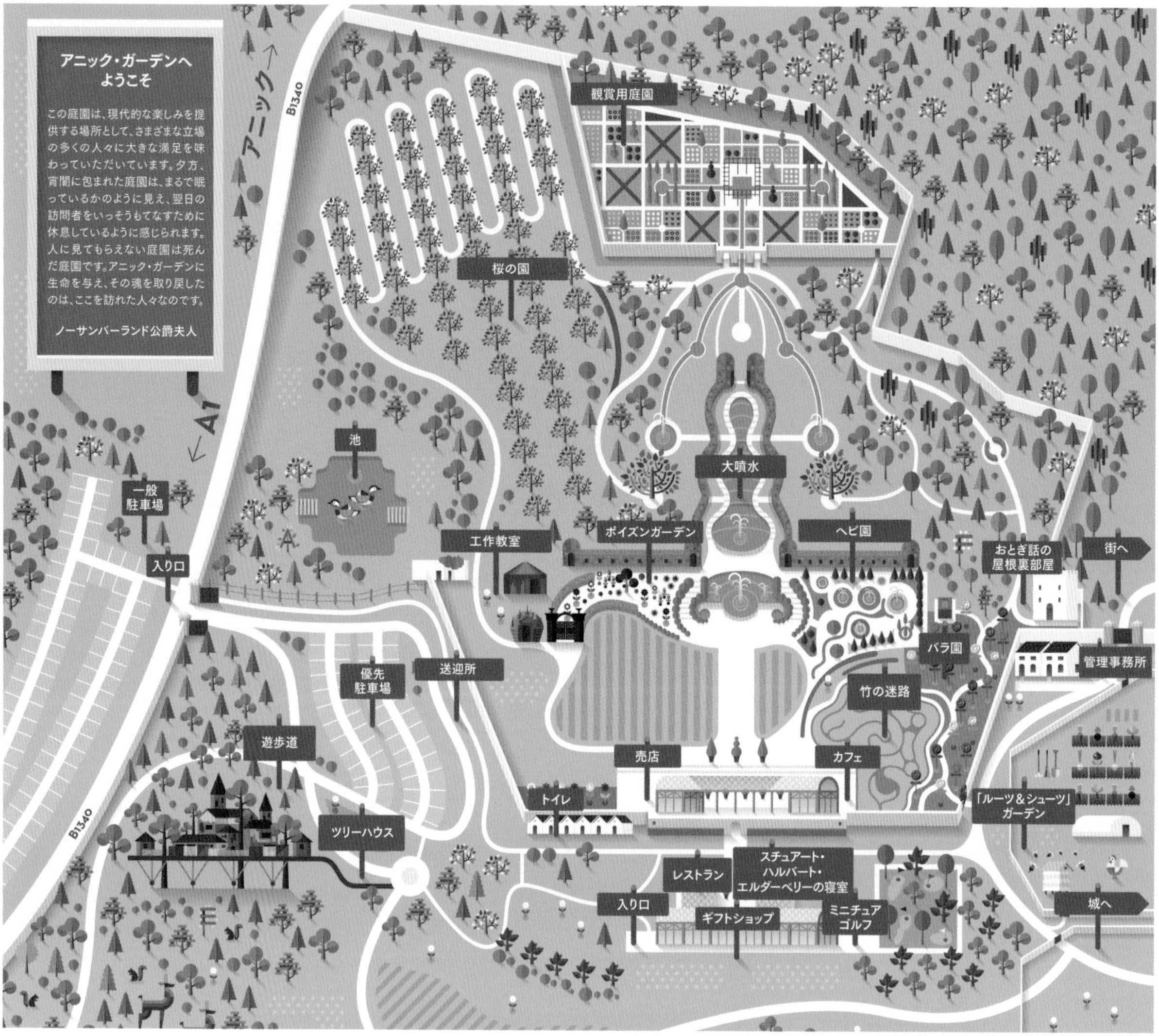
アニック・ガーデンへ
ようこそ
この庭園は、現代的な楽しみを提供する場所として、さまざまな立場の多くの人々に大きな満足を味わっていただいています。夕方、宵闇に包まれた庭園は、まるで眠っているかのように見え、翌日の訪問者をいっそうもてなすために休息しているように感じられます。人に見てもらえない庭園は死んだ庭園です。アニック・ガーデンに生命を与え、その魂を取り戻したのは、ここを訪れた人々なのです。
ノーサンバーランド公爵夫人
アニック→
B1340
A1
観賞用庭園
桜の園
池
一般
駐車場
入り口
大噴水
工作教室
ポイズンガーデン
ヘビ園
おとぎ話の
屋根裏部屋
街へ
バラ園
管理事務所
優先
駐車場
送迎所
竹の迷路
遊歩道
売店
カフェ
トイレ
「ルーツ＆シューツ」
ガーデン
ツリーハウス
レストラン
スチュアート・
ハルバート・
エルダーベリーの寝室
入り口
ギフトショップ
ミニチュア
ゴルフ
城へ
B1340

Poison Garden
Do Not Touch, Smell
Or Eat Any Plant !
Children Must Be
Accompanied At All
Times

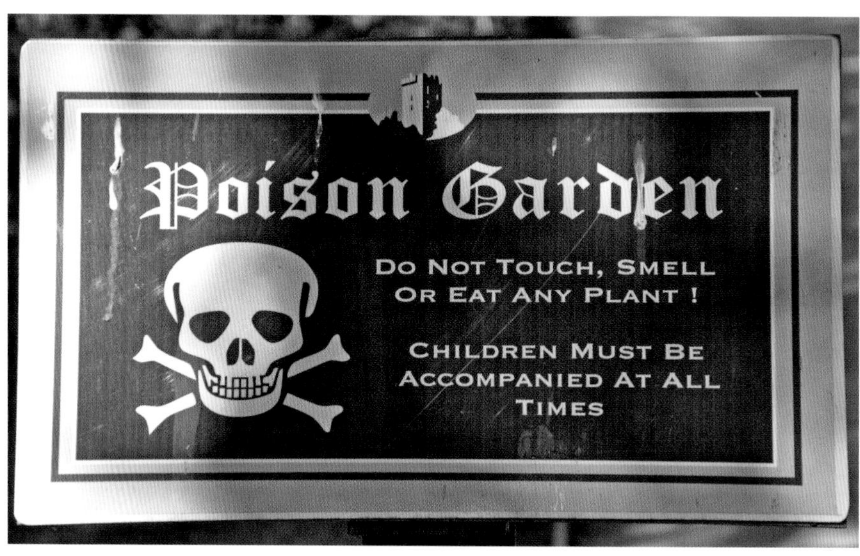

ポイズンガーデン 花言葉は「死」

鉄門の奥に閉ざされた禁断の花園。そこには、
触れたり、香りを嗅いだりすれば死に至ることもある植物が集められている。

アニック城公園
（英国）

見学には
ガイド同行が必須

上：
南京錠のついたゲートがポイズンガーデンの入り口を守っている。

左ページ下：
庭の入り口の看板には、「ポイズンガーデン：植物に触れたり、香りを嗅いだり、口に入れたりしないでください！　子どもにはつねに大人同伴厳守のこと」と書かれている。

イングランド北東部にあるアニック城公園の重い鉄の門の奥に、毎年8万人が訪れるポイズンガーデン、すなわち「毒草庭園」がある。この不気味な庭園は、英国の探偵小説の女王、アガサ・クリスティーの豊かな想像力から生まれたフィクションのようだが、実は、ルネサンス期の薬草園に着想を得て、ノーサンバーランド公爵夫人がファンタジーを現実にしたものだ。2004年以来、この庭には100種類近い麻薬や毒草が集められている。ガイドがついていないと見学は許されない。なかには、アヘンの原料になるケシのように、人との接触を避けるため、ケージに厳重に閉じ込められた植物もある。また、よく見かけるありふれた植物もあり、これまで道端で無造作に枝を折ったりしたことがある人は思わずゾッとするだろう。例えば、フランス東部でよく見られるジャイアント・ホグウィードは光毒性の高い樹液を出し、重篤なIII度のやけどを負わせる。また、青々とした房が特徴的なトリカブトは、生物の身体機能を麻痺させる強力なアルカロイドを含んでおり、イタリアの名門貴族ボルジア家が愛用したと伝えられる猛毒だ。解毒剤はまだ発見されていない。どこにでも生えている観賞用の花、ヒマには青酸カリの6000倍もの毒素が含まれている。キョウチクトウは、葉の形がやや似ているゲッケイジュと間違えて料理に入れたら、たいへんだ（フランス語では、キョウチクトウはローリエ・ローズ、ゲッケイジュはローリエで、名前も似ている）。食べた人が遺体安置所に送られるかもしれない。そして、エンジェルストランペットという花もある。原産地である熱帯を思わせる甘美な香りが特徴だが、「天使のトランペット」というニックネームが、花の形だけでなく強力な毒にも由来していると知ったら、見方が変わるかもしれない。ビクトリア朝の英国では、女性たちがお茶のテーブルにエンジェルストランペットの植木鉢を置いて、幻覚を見たり、昏睡状態に陥ったりするのを楽しんだという。アニックの毒草庭園では、花言葉といえば「死」である。

右：

ベラドンナ［学名：*Belladonna atropa*］
アルカロイドを含み、口渇、目のかすみ、嘔吐、眠気を引き起こし、昏睡状態に陥り死に至る。黒いブドウのような実をつける。子どもなら3粒で死ぬほどの猛毒。

下左：

ヨウシュトリカブト
［学名：*Aconitum napellus*］
野山で見られるごく一般的な植物だが、少量でも摂取すると激しい胃腸障害を起こし、心臓の動きが鈍くなり完全に停止することもある。2010年、ロンドンで砕いた種子をカレーに混ぜて殺人事件で使われた例がある。

下右：

ケシ［学名：*Papaver somniferum*］
種鞘の液からアヘンが採取され、麻薬のモルヒネとヘロインの原料になる。ケシが死因になるのは過剰摂取のことが多い。

7 MINES DOMANIALES DE POTASSES D'ALSACE

Mine Amélie I

WITTELSHEIM (Ht-Rhin) Amélie II

アルザス
(フランス)

非常に高い毒性
(アスベスト、
シアン化合物など)

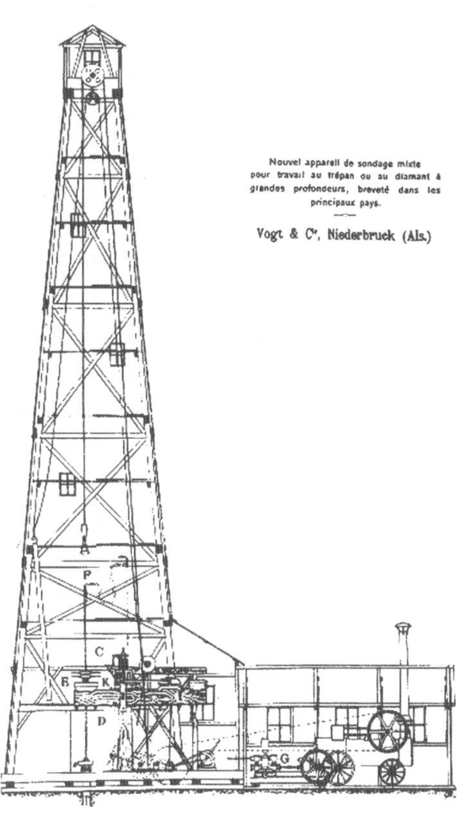

ウィッテルスハイム

放置された有毒廃棄物

1960年に閉鎖されたアルザスのカリ鉱山は、
大量の有毒廃棄物が放置され、
今では時限爆弾と呼ばれている。

100年もの間、ミュルーズ盆地の下層土から何トンものカリ鉱石が産出された。塩化ナトリウムと塩化カリウムの混合物で、農業用肥料の原料となるカリ鉱石の採掘は、1910年以来、ウィッテルスハイム近郊の地下500メートルで続いてきた。ここでは、カリ鉱石とそれに付随する塩を採取するために、アメリ1号と2号、続いてマックス、ヨーゼフ、エルズと、いくつもの竪坑が垂直に掘られた。アメリの竪坑は2つとも、現在は閉鎖されているが、隣接する坑道で重大な労働災害がなければ、今も採掘が続けられていたかもしれない。1960年代以降、使用されなくなったヨーゼフとエルズは、アメリの換気のために使われていた。そして1980年代、最終廃棄物（特にアスベスト、シアン、水銀）を地下に埋めるプロジェクト「ストカミン」が計画された。1999年に最初の廃棄物が運び込まれたが、この埋設作戦はすぐに中止された。2002年には、無許可で積み上げられた肥料と硫黄の火災が発生した。労働者74人が中毒症状に陥り、鎮火までに3日間の消火活動が必要だった。竪坑どうしが地下で通じていたため、カリ鉱山を含め一帯が閉鎖に追い込まれた。現在、ウィッテルスハイムの地下に残されているのは、アーチで補強された坑道、油圧式の支持杭、採鉱のための剪断機と数台の運搬車、そして巨大な塩の塊である。これらが、100年にわたる採掘活動の静かな証人となっているが、そのほかに4万1730トンの有毒廃棄物が今も放置されている。2002年の火災以来、廃棄物が新たに運び込まれることはなく、全面的または部分的な撤去が今も待たれている。しかし、撤去が実現できる可能性について、2018年4月に環境大臣の指示によって新たな調査が開始されたものの、撤去作業はリスクが高すぎるとして永久的な封じ込め処理を望む声も上がっている。ただしその場合の問題として、浸透水が一定のレベルに達したとき、回復不可能な被害が出るリスクが生じる。この時限爆弾には近づかないほうがいいということだけは確かだ。

左ページ上・下：
ウィッテルスハイムのカリ鉱山の様子。
20世紀初頭の絵葉書より。

山西省の炭鉱

労働者にのしかかる命のリスク

中国の山西省の炭鉱は、
世界で最も労働者の事故死が多いことで知られている。

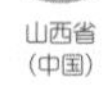

山西省
（中国）

山西省の
炭鉱労働者の死亡率は、
中国のほかの地域より
10倍高い

2014年、中国政府は、中国における鉱山事故の死者数が931人にとどまり、統計史上初めて1000人を割り込んだと発表した。10年前の死者数6000人と比べると、大幅な改善である。しかし、中国の炭鉱は依然として世界一の死亡率で知られ、国内埋蔵量の3分の1以上を占める山西省の炭鉱が大きな要因となっている。中国の電力生産の70パーセント近くは石炭が占めるため、炭鉱事業は重要性が高く、利権が大きいことから汚職や中国マフィアの横行も後を絶たない。中央政府と地方政府は、小規模で安全性に問題がある炭鉱を大幅に減らしたい考えだが、将来的に実現できるかどうかはまだ分からない。そして、人里離れた山奥の、管理の行き届かない谷間の炭鉱で密かに行われる採掘作業は、炭鉱労働者にとって多大な命のリスクをともなうものとなっている。掘削が何度も繰り返された結果、地盤が穴だらけの巨大なスイスチーズのようになり、深刻な地盤沈下が頻繁に発生しているのだ。山西省の炭鉱に潜む危険は、坑道の崩壊やガス爆発だけではない。中国で最も環境汚染が進んでいるとされる山西省では、ほとんどの土地が農業に適さないため、コークス工場、化学工場、露天掘りの鉱山、石炭火力発電所などが至るところにあり、昼夜を問わず、鼻を突くにおいの黄色い煙をまき散らしている。いつかこの炭鉱も過去のものになるかもしれない。しかし、2040年頃までは、石炭はまだ中国の主要なエネルギー源であり続けるという見通しだ。連続殺人犯のような炭鉱は、まだ犯罪を繰り返すことになりそうだ。

上：
大同の民間鉱山で石炭を積み込む作業員。

左：
山西省大同の晋華宮の坑道入り口。

左ページ：
大同の晋華宮で、石炭の選別作業。

ポトシ鉱山

命を奪うエルドラド

16世紀のスペイン人入植者たちは、
ポトシ鉱山をセロリコ、すなわち「豊かな丘」と呼んだ。
現在、その鉱山は「人食い山」と呼ばれている。

500年もの間、銀の鉱脈として採掘されてきたセロリコには、全長80キロあまりの坑道が、およそ15層にわたって掘られている。強制労働によって何千人もの先住民を犠牲にしながらスペイン帝国に財をもたらしたこの銀山のおかげで、ポトシはアメリカ大陸で最も繁栄した都市となった。コンキスタドール（アメリカ大陸各地を征服したスペイン人）がアマゾン川のほとりにあると想像した伝説のエルドラド（16世紀のスペイン人探検家が南米にあると想像した黄金の国）は、実はアンデスにあったのだ。金の国ではなかったものの、莫大な量の銀が採れた。しかし、銀脈は次第に枯渇し、街は衰退し、貧困に陥った。現在では、銀はほとんど採れなくなり、亜鉛やスズの採掘が行われている。日光の入らない鉱山労働はまさに地獄のようだが、住民はここで働くしかない。1日あたり約1万人の労働者が採掘に従事し、そのうち年間約30人が死亡事故の犠牲になっている。老朽化した坑道での労働には、崩落、窒息、落下、爆発などの事故がつきまとう。疲労と気温30〜40℃の暑さをしのぐために、労働者はコカの葉をかみながら作業にあたる。事故で死なないとしても、毎日吸い込む粉塵によって、ほとんどが珪肺症になる。鉱山労働者の平均寿命は45歳だ。外では「パチャママ」すなわち大地の女神が支配しているが、鉱山の底では「エルティオ」（もとはスペイン語で「おじさん」の意）が君臨している。深海と冥界を司り、ほしいままに命を奪うとされる男神だ。色とりどりのリボンで飾られたエルティオ像の前に、労働者たちはコカや96度のアルコールを供える。半分はエルティオのためだが、半分は自分のためだ。彼らはあと何年生きられるのだろうか。バロック建築が美しいポトシの旧市街は、1987年以来、危機にさらされている世界遺産「危機遺産」のリストに登録されている。大地の下で、人々は生活のために死んでいく。

トマス県フリャス（ボリビア）

坑道の長さは80キロあまりに達する

右・右ページ下：
毎日、男たちは熱と埃が渦巻く地獄へと降りていく。

右ページ上：
セロリコの鉱山は、危険で鉱脈が枯渇しているにもかかわらず、操業を続けている。

顕微鏡サイズの脅威

人類を脅かす危険に大きさは関係ない。コンゴのエボラ川から発生したエボラウイルス、ガンジス川のデルタ地帯で発生したコレラ菌は、世界中に拡散した。名前とは裏腹に実は米国カンザス州発祥のスペイン風邪も世界中で猛威を振るった。人類は今日もなお、顕微鏡でしか見えない極小の危険に翻弄されている。

ボズロジデニヤ

生物兵器が眠る島

アラル海の中央には、細菌の脅威が潜む極秘実験室の廃墟が今なお残されている。

アラル海

2001年、島は半島になった

上：
ボズロジデニヤ島の実験室は廃墟と化している。しかし、菌はまだ存在している。

右ページ：
古い地図では、ボズロジデニヤ島は、アラル海の真ん中に浮かぶ島として描かれている（赤い円内）。数年前から本土に一体化している。

114-115ページ：
砂漠と化し、場所によっては船の墓場と化したアラル海。見る者に不思議な感覚を呼び起こす光景だ。

かつて豊かな海だったアラル海は、今ではすっかり干上がり、錆びた船の残骸が散乱し、二度と元に戻ることはない。これは、1950年代に綿花畑の灌漑のためにアムダリヤ川とシルダリヤ川の流れを変える工事が行われ、生態系が壊滅したためである。実際、20世紀半ばに6万8000平方キロにわたって広がっていたアラル海は、今では当時のわずか10パーセントに縮小している。蒸発によって塩分濃度が5倍に上昇したことから海生生物の多くが死に絶え、地元住民たちも環境悪化に苦しんでいる。しかも、海水が引いた後に露出した土は、塩分や農薬、そしてかつての秘密研究所から放出された残留化学物質で飽和していた。アラル海の真ん中にある小さな孤島で、国境からも遠く離れていたボズロジデニヤは、かつて人目につかない理想的な条件が評価され、危険な実験所がここに設置されていた。1948年、ソ連は化学研究ユニットをこの島に設置した。1954年には「アラルスク-7」のコードネームで施設を拡大し、1970年代にはソ連の生物兵器の製造・備蓄組織であるバイオプレパラト計画の最重要拠点とした。炭疽菌、天然痘、ブルセラ病、チフス、ペストなどが扱われ、地元カントゥベク村の住民は感染のリスクにさらされた。実際、1971年には天然痘が流行し、数人の死者を出している。1991年にソ連が崩壊すると、病原菌は大急ぎで土に埋められた。しかし、動物が掘り返したり、移動したりするリスクは、避けられない。海水が干上がって島が半島になり、懸念は増す一方だ。2002年、米国の対策チームが数百トンの炭疽菌を無力化した。あとはただ、何ごとも起きないよう祈るしかない。

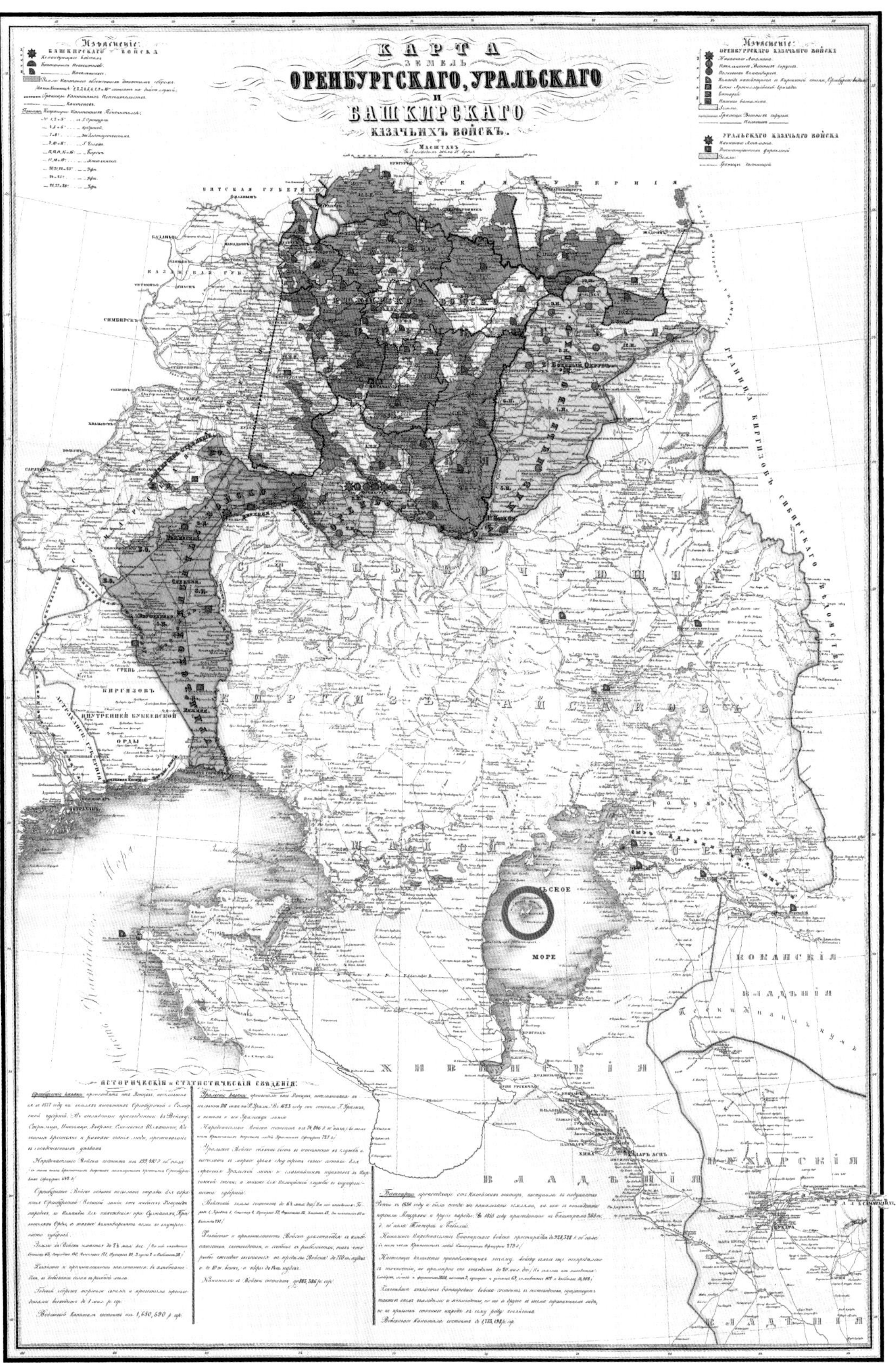

КАРТА
ЗЕМЕЛЬ
ОРЕНБУРГСКАГО, УРАЛЬСКАГО
И
БАШКИРСКАГО
КАЗАЧЬИХЪ ВОЙСКЪ.
Изъясненіе:
БАШКИРСКАГО ВОЙСКА
Изъясненіе:
ОРЕНБУРГСКАГО КАЗАЧЬЯГО ВОЙСКА
УРАЛЬСКАГО КАЗАЧЬЯГО ВОЙСКА
КИРГИЗОВЪ
ВНУТРЕННЕЙ БУКЕЕВСКОЙ
ОРДЫ
МОРЕ
КОКАНСКІЯ
ВЛАДѢНІЯ
БУХАРСКІЯ
ГРАНИЦА КИРГИЗОВЪ СИБИРСКАГО ВѢДОМСТВА
ИСТОРИЧЕСКІЯ и СТАТИСТИЧЕСКІЯ СВѢДѢНІЯ.

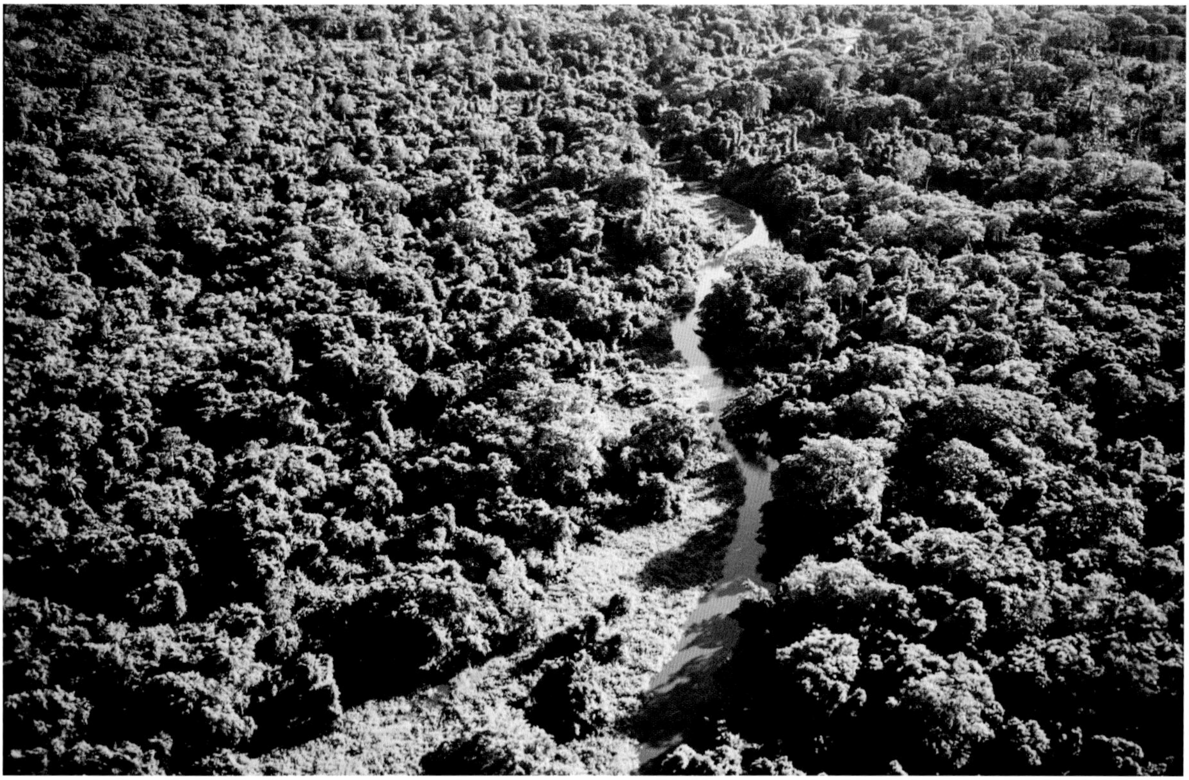

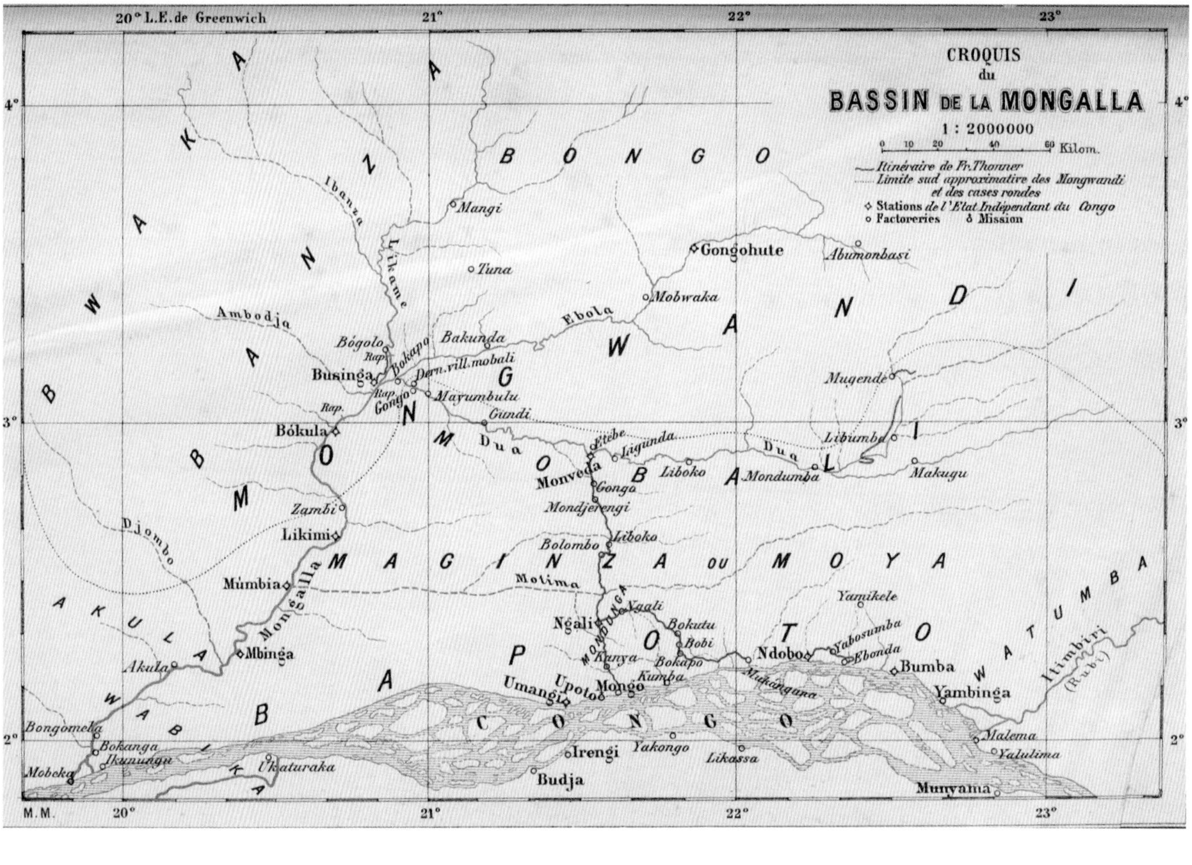

20° L.E. de Greenwich

CROQUIS
du
BASSIN DE LA MONGALLA

1 : 2000000

0 10 20 40 60 Kilom.

Itinéraire de Fr. Thonner
Limite sud approximative des Mongwandi et des cases rondes
◇ Stations *de l'Etat Indépendant du Congo*
○ Factoreries ♂ Mission

M.M.

エボラ川

エボラウイルス病の代名詞

感染力が強く死に至ることもあるエボラウイルス病は、
アフリカで繰り返し流行している。

コンゴ民主共和国

川の長さ250キロ

左ページ上：
フィロウイルスの一種である強力な病原菌エボラウイルスは、初めて確認された場所の1つ、ヤンブク病院の近くを通るエボラ川にちなんで名付けられた。エボラ川は流域全体に死を広げる。

左ページ下：
エボラ川はドワ川と合流してモンガラ川となり、後にコンゴ川に流れ込む。

コンゴ民主共和国の北部、鬱蒼（うっそう）とした熱帯雨林をコンゴ川の支流であるエボラ川という清流が流れている。地元では「レグバラ（白い水）」と呼ばれているが、ベルギーの入植者たちに「エボラ」となまって呼ばれたことから、命を奪うこともあるエボラウイルス病の代名詞として世界中に知られるようになった。1976年、ヤンブク病院のムショラ医師が、住民に気がかりな症状が見られることを確認し、警告を発したのが始まりだ。同医師は「この病気は、体温が39度前後にもなる高熱、血の混じった嘔吐、出血性の下痢、腹痛、衰弱、そして平均3日で急激な死に至るという特徴がある」と日記に書いている。血液サンプルはすぐにベルギーに送られ、さらに米国にも送られた。研究者たちは、新しいウイルスを発見したと発表し、ヤンブクの町に汚名を着せないように、エボラ川の名をつけた。ウイルスの人間への感染は、ウイルスを持つコウモリとの接触から始まったと見られるものの、サルからの感染もかなり広がっている。ウイルスの発見以来、20件以上の流行が記録され、その多くは人口の少ない地域で起きている。2014年から2016年にかけて西アフリカで大流行し、リベリア、ギニア、シエラレオネで1万1000人以上を壊滅させた例を除いては、そのほとんどが、人口の少ない地域で発生している。死亡率が25～90％にも達するエボラウイルス病は、感染地域に足を踏み入れれば、感染はほぼ避けられない。世界保健機関（WHO）は新しく開発されたワクチンを推奨しているが、この悪夢に終止符を打つことができるかどうかは未知数だ。ウイルスに感染しながら生還したとしても、元患者の試練は終わらない。精神疾患に苦しみ、コミュニティーから追放されることもあり得る。また健康を取り戻してからも、数カ月間にわたってウイルスが体の中に残ることもある。

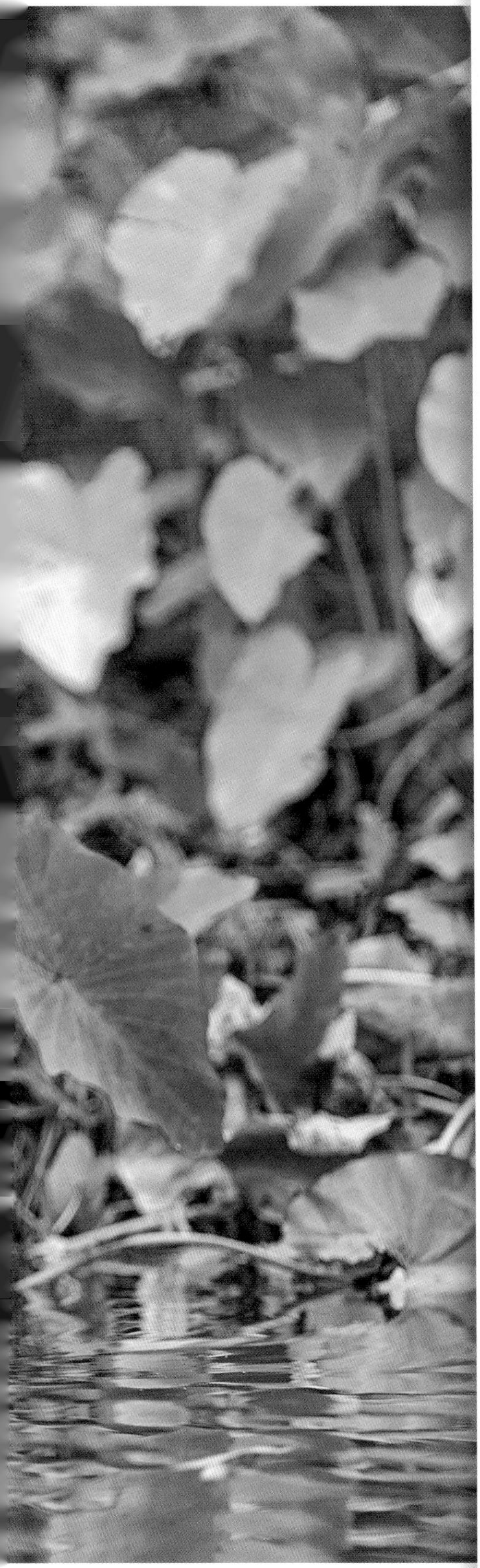

コンゴ民主共和国

科学者たちは、
HIVは20世紀初頭に
発生したと考えている

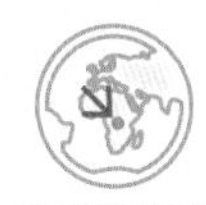

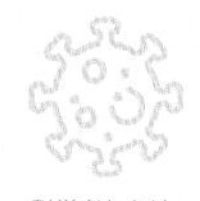

エイズ

種の壁を越えた免疫不全疾患

コンゴ民主共和国の首都キンシャサの近くでサルからヒトに感染したHIVは、世界中で数千万人の命を奪い、今もアフリカを襲い続けている。

エイズ（後天性免疫不全症候群）はすでに100年前から、中央アフリカで猛威を振るっていた可能性がある。最近の複数の研究によれば、HIV（ヒト免疫不全ウイルス）は1920年頃、カメルーンとコンゴ（現在のコンゴ共和国）の国境に出現し、1980年代初頭に欧米で死者が出始めるずっと前から、現地の人々を密かに襲っていたというのだ。最初にHIVが出現したのは、ウイルスに感染したサルとハンターの不幸な出会いによるものだったとされている。サルにかまれたか、屠殺したり食べたりしたときに感染したのだろう。そのとき、サルが頻繁に感染する免疫不全ウイルスが突然変異を起こして種の壁を越えた。感染したハンターはその後、植民地時代のアフリカで急速に発展し貿易の中心地となっていた都市、キンシャサ（当時はベルギー領コンゴの首都レオポルドビル）に移動し、そこでウイルスを広めた。1930年代初め、フランス人医師レオン・パレスは、ブラザビルとポワントノワール港を結ぶコンゴ・オーシャン鉄道の建設中に、約1万7000人の労働者を死に至らしめた伝染病を「マヨンベの悪液質」と呼んだ。同医師による死体解剖と、1950年代に患者から採取されたサンプルによって、流行病の拡大の経緯が明らかになった。まずアフリカに広がり、独立したコンゴ民主共和国で働いた教師たちを介してハイチに、そして最終的にはカリブ海から米国に広がり、1970年代後半にはニューヨークとサンフランシスコのゲイ・コミュニティーを荒廃させた。1980年代以降7500万人がHIVに感染し、3600万人がエイズで死亡したと考えられている。アフリカの多くの国では医療体制が整っていないため、実際の人数はもっと多いと見られる。霊長類の仲間であるサルから感染するエイズという病気の特定が遅れたことも、アフリカでウイルスが広がった原因である。

左ページ：
死をもたらすこともあるHIVは、サルがよく感染する。

120-121ページ：
ブラザビル近郊のコンゴ川で漁をする人。コンゴ川は
中央アフリカの交易の大きな拠点となっている。

Le Petit Journal

ADMINISTRATION
61, RUE LAFAYETTE, 61
Les manuscrits ne sont pas rendus
On s'abonne sans frais dans tous les bureaux de poste

5 CENT. SUPPLÉMENT ILLUSTRÉ 5 CENT.
23me Année — Numéro 1.150
DIMANCHE 1er DÉCEMBRE 1912

ABONNEMENTS

	SIX MOIS	UN AN
SEINE et SEINE-ET-OISE..	2 fr.	3 fr. 50
DÉPARTEMENTS...........	2 fr.	4 fr. »
ÉTRANGER....	2 50	5 fr. »

LE CHOLÉRA

ガンジス川
コレラの温床としての歴史

インド随一の大河を流れる
汚染水に由来する病原菌によって、
何百万もの人々が亡くなっている。

インド

水が永久的な
感染源になっている

上：
ガンジス・デルタの沈下により、インド洋の海水が内陸に入り込んでいる。住民にとってはさらなる災難を意味する。

左ページ：
コレラのロシア上陸を報じた1912年12月1日付「ル・プチ・ジュルナル」紙（パリで発行されていた日刊新聞）。

コレラの起源はインドのガンジス川デルタ地帯であることが、2500年前に書かれたサンスクリット語の文書に示されている。長い間感染はインドのベンガル地方に限られていたが、病気の存在を知ったギリシャ人が（病人が吐く胆汁である「コレ」にちなんで）、コレラと名付けた。またこの病気はヨーロッパの航海者にも知られており、バスコ・ダ・ガマの士官は早くも1503年に、カリカット（現在のコーリコード）で2万人の死者を出した伝染病について記している。19世紀初頭から第一次世界大戦にかけて、6回にわたってインド由来のコレラの流行が貿易路に沿って拡大し、何百万人もの犠牲者を出して以来、世界中が新たな「アジアン・コレラ」の発生を恐れるようになった。フランスでは、コレラといえばジャン・ジオノの小説『屋根の上の軽騎兵』で広く知られている。勇気ある軽騎兵アンジェロ・パルディが、1832年のコレラ流行で荒廃した南仏プロバンスを旅するという物語だ。主人公が紅茶、粥、ローストチキンなど、温かいものを勧められることに注目してほしい。コレラの主な感染経路は、コレラ菌に感染した人々の糞便に汚染された水や食品であり、菌は火を使った調理と徹底した衛生管理によってのみ破壊することができるのだ。内戦中のルワンダや、2010年に地震と洪水で荒廃したハイチは、コレラ菌の温床となり、流行が発生した。しかし現在では、補水液による治療法が確立されており、ワクチンもある。患者の手がチアノーゼで青く染まることから英国人が「ブルーデス（青い死）」と呼んだコレラの脅威は、「ひどく怖がる」を意味する「青い恐怖を感じる」というフランス語の表現の中にも残されている。

LE MICROBE
VOILÀ L'ENNEMI

ANIOS
LIQUIDE

Charbon

Mildew

Fièvre
Aphteuse

Phtisie
Galopante

Peste

Choléra

ANIOS

Typhus

POUR
LE VAINCRE

Employez Tous

L'ANIOS

DESINFECTANT SANS ODEUR.

IMP. CH. WALL & Cie 14 Rue Lafayette PARIS

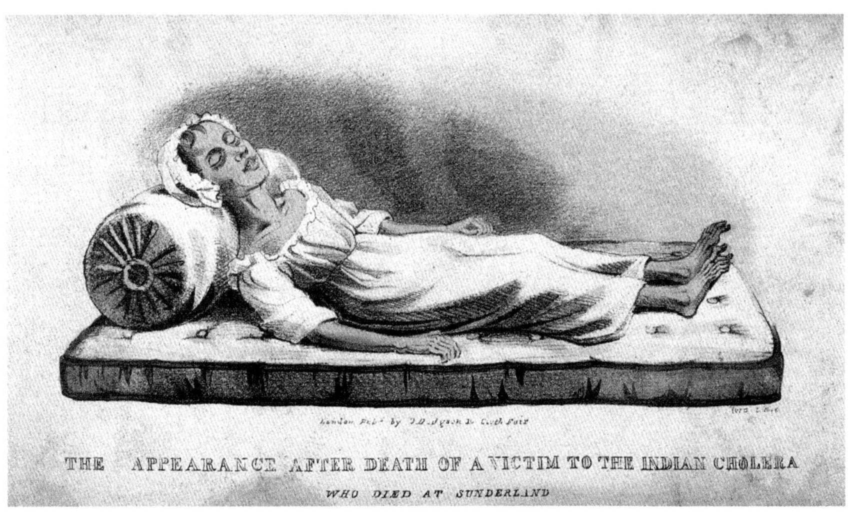

上：
アラクナンダ川とバギラティ川は、ヒンズー教徒の重要な巡礼地であるデブプラヤグで合流し、ガンジス川になる。

左：
コレラ患者を描いたリトグラフ（1832年制作）。コレラ患者には、チアノーゼで肌が青色になる症状が見られる。

左ページ：
消毒薬アニオスを宣伝する広告（1910年制作）。

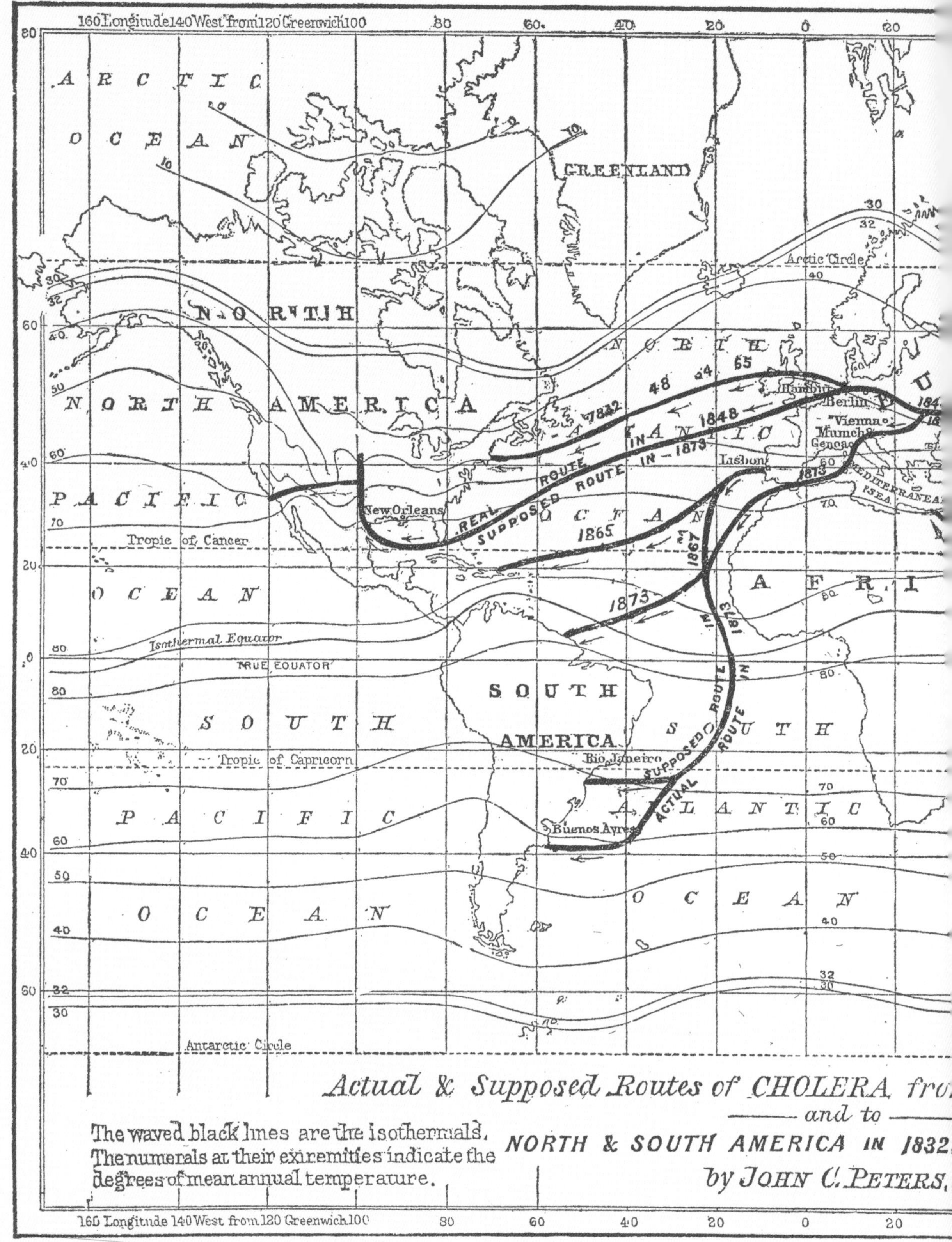

ARCTIC OCEAN
GREENLAND
NORTH
NORTH AMERICA
PACIFIC
New Orleans
Tropic of Cancer
OCEAN
Isothermal Equator
TRUE EQUATOR
SOUTH
SOUTH AMERICA
Tropic of Capricorn
Rio Janeiro
Buenos Ayres
PACIFIC
OCEAN
Antarctic Circle
Arctic Circle
Lisbon
Hamburg
Berlin
Vienna
Munich
Genoa
REAL ROUTE IN 1873
SUPPOSED ROUTE IN 1873
SUPPOSED ROUTE IN
ACTUAL ROUTE
MEDITERRANEAN SEA
AFRI
SOUTH ATLANTIC OCEAN
Actual & Supposed Routes of CHOLERA fro
and to
NORTH & SOUTH AMERICA IN 1832.
by JOHN C. PETERS.
The waved black lines are the isothermals. The numerals at their extremities indicate the degrees of mean annual temperature.
160 Longitude 140 West from 120 Greenwich 100

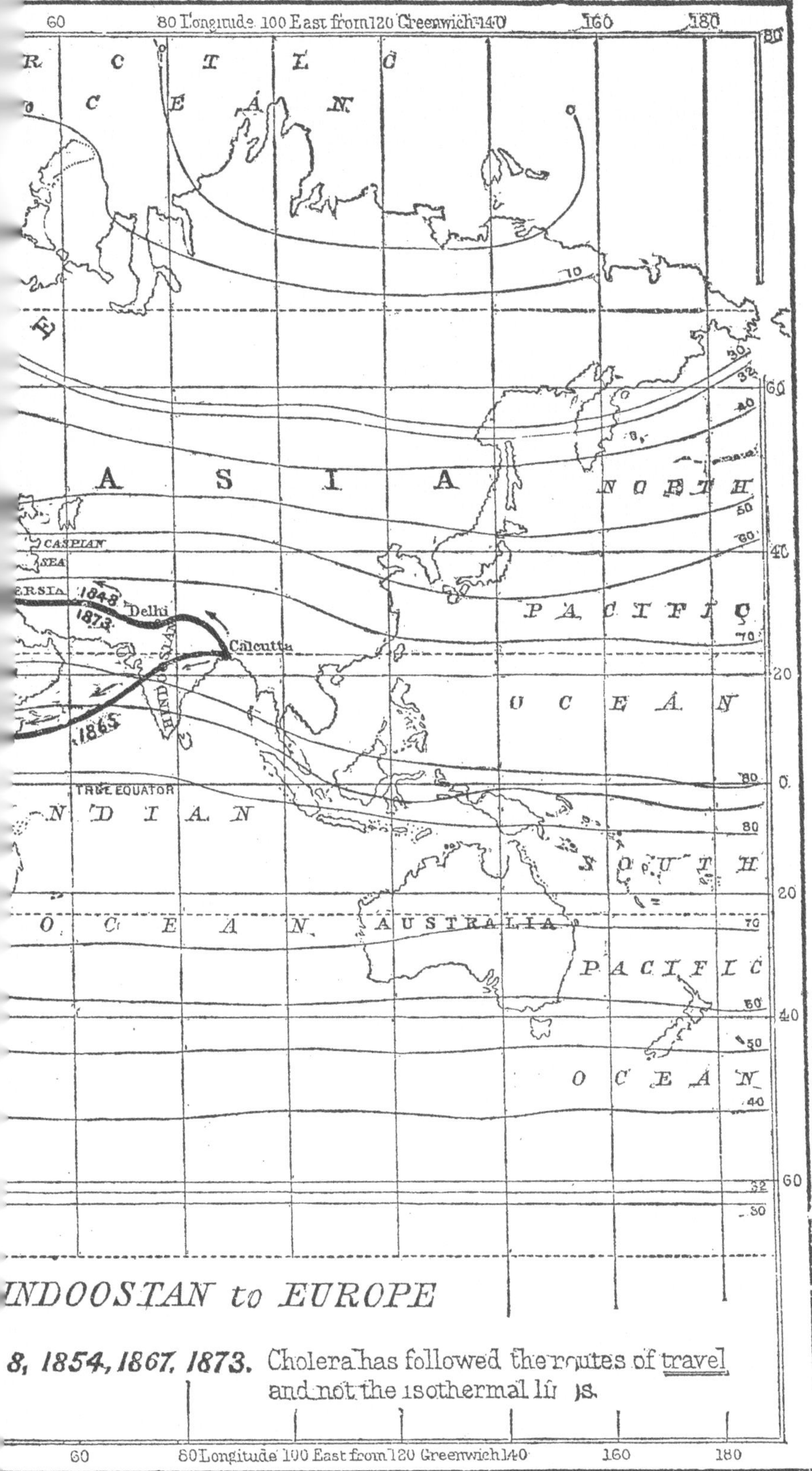

左：
コレラの流行拡大の経路を示す古地図。黒い波線は等温線（平均気温が同じであることを示す）。線の端にある数字は、平均気温を示している。「コレラは等温線ではなく、人間の移動経路に沿って広がった」と記されている。

マダガスカル

ペストは
野生のネズミにたかる
ノミを介して感染する

マダガスカル

今も猛威を振るうペスト

マダガスカルの高地では、
病原菌を持つノミに刺されてすぐ、
死に至ることがある。

上左：
17世紀、ローマでペストが流行した際のペスト医師の姿。

上右：
アンバトフォツィ村近郊でネズミ捕りをするパスツール研究所のスタッフ。

右ページ：
夕焼けに染まるバオバブの並木道は、典型的なマダガスカルの風景だ。

130-131ページ：
かつては農村部の病気だったペストが、今、都市部に広がっている。2017年には首都アンタナナリボで数百人の感染者が報告された。

ペストは中世の病気ではない。不幸なことに、今も世界各地で発生している。マダガスカルでは毎年流行が見られ、首都アンタナナリボを含む高地一帯では9月から4月にかけて、またマハジャンガ港では7月から11月にかけて流行を繰り返している。19世紀末にフランスがマダガスカルを植民地化した直後、インドからの旅行者によってペストが持ち込まれた。1980年代までは保健衛生の向上によって抑えられていたが、1990年以降、再び増加傾向にある。パスツール研究所によると、マダガスカルでは年間200～700人の患者が発生し、これは全世界の報告数の4分の3近くを占めている。2017年には、人口が集中する都市部で流行し、未確認を含む2414件の感染が報告されるなど数値が跳ね上がり、憂慮すべき事態となった。ペストの感染源はネズミだ。ネズミから感染したノミをネズミが運び、貧しく不衛生な地域でペストを広げている。ペスト菌を持つノミに人間が刺されると、恐ろしい事態に陥る。約1週間の潜伏期間を経て、発熱やめまいといった初期症状が現れる。その後、腺ペストの場合はリンパ節が痛み、肺ペストの場合は呼吸不全となる。肺ペストの場合、発生頻度は低いが感染力が非常に強く、3日以内に死に至る。ペスト菌は1894年にアレクサンドル・イェルサンによって発見されたが、ワクチンは今も存在しない。人間が感染した場合、早期であれば抗生物質による治療が有効だが、死亡率はまだ20パーセントにも達している。抗生物質に耐性を持つ株が出現したことにより、懸念が高まっている。

SPIT
SPREADS
DEATH
7073

カンザス州
スペイン風邪の起源

1918年、新型ウイルスH1N1が世界を席巻し、第一次世界大戦の戦禍を上回る多くの犠牲者を出した。

カンザス州（米国）

50万人の兵士が世界中にスペイン風邪のウイルスをばらまいた

上：
慎重派の家族。ネコもマスクをしている。

左ページ：
スペイン風邪の流行中、米国フィラデルフィアで路面電車に掲示された警告。「唾を吐くのは死を広める行為」とある。

134-135ページ：
右端の人物が身に着けているプラカードには、「マスクを着けろ、さもなくば刑務所へ行け」と書かれている。スペイン風邪流行当時の写真だが、コロナ禍を経た現代の私たちにとっては、既視感を覚えさせる光景だ。

第一次世界大戦の戦禍に比べれば、1918年から1919年にかけて5000万人を超える犠牲者を出したもう1つの人類の悲劇、スペイン風邪のことはあまり語られてこなかった。しかしその蔓延から100年たった今、スペイン風邪は再びスポットを浴び、恐怖を持って語られるようになった。新型インフルエンザに付けられた「スペイン風邪」という名称は内実をともなわず、ウイルスの起源は意外なところにあることが明らかになった。米国カンザス州フォート・ライリーの陸軍訓練基地で、若い米国人の料理人が鳥から感染し、仲間の兵士に感染させ、その兵士たちがウイルスを英国、フランス、ドイツに持ち込んだのだ。第一波は、貿易や軍の配備によって、瞬く間に世界中に広がっていった。しかし、最も多くの犠牲者を出したのは、1918年末の第2波だった。病に倒れた死者の半数は20～40歳だった。親の世代は持っていたかもしれない免疫力を持たなかった世代である。栄養失調で疲労が激しく、衛生状態の悪い野戦病院に詰め込まれ、数百万人単位で死亡した。主な死因は感染症や肺炎だった。現在の研究では、当時の世界人口の1/3にあたる5億人近くが感染したと推定されている。最もリスクを負ったのは妊婦で、米国での死亡率は最低で23パーセント、最高で71パーセントに及んだ。しかし軍隊の士気を損なわないために、戦争中の国々は伝染病の存在を隠した。一方、第一次世界大戦で中立を保っていたスペインでは、インフルエンザの猛威が新聞で大々的に報じられた。その結果、インフルエンザに関する情報がスペイン発のものに限られることになり、このインフルエンザはスペイン風邪と呼ばれるようになった。

WEAR A MASK
OR GO TO JAIL

1 SOCIAL DISTANCE
2 WASH HANDS
3 CLEAN SURFACES

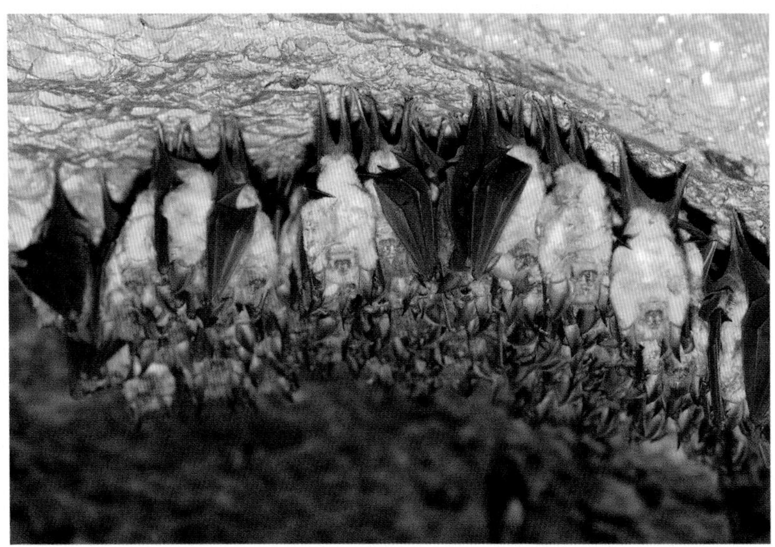

新型コロナウイルス

コウモリとセンザンコウから世界に広がる

コロナウイルスが動物由来であることに、もはや疑いの余地はない。

全世界

新型コロナウイルスは動物由来であることが確認された

上：
カブトコウモリは、コロナウイルスの重要な感染源だ。2000年代以降、アジアでは、コウモリからヒトへのコロナウイルスの感染が数件発生している。

左ページ上：
世界で最も密猟されている哺乳類であるセンザンコウ。森林伐採や売買の犠牲となり、絶滅の危機に瀕している。

左ページ下：
パンデミックによって多くの習慣が変わり、至るところでさまざまな感染予防策が取られるようになった。

138-139ページ：
2019年12月、新型コロナウイルスが初めて発見された中国・武漢市。

新型ウイルスか、変異ウイルスか、実験室で作られたウイルスか。2019年末、世界を襲った新型コロナウイルスの起源についての仮説は尽きない。ウイルスに関しては分かっていないことが多く、一部の国の政府は明らかに誤った情報を採用しているため、真相解明に向けた状況は緊迫している。ここでは、科学的に裏付けられた情報をまとめておく。21世紀に入ってから、SARS（重症急性呼吸器症候群）、MERS（中東呼吸器症候群）、そしてCOVID-19（新型コロナウイルス感染症）といった病気を引き起こす、いくつかの毒性の高い新型コロナウイルスが出現してきた。2003年から2004年にかけて774人の死者を出したSARSは、コウモリと人間という種の壁を越えて、ハクビシン経由で中国に広まった。2012年に中東で初めて確認され、特に致死率の高いMERSは、コウモリを起源とし、ラクダとの接触によって人間に広がった。COVID-19は、中国に30種ほどいるキクガシラコウモリを感染源とする説が有力だ。しかし、ウイルス学者たちは、もともと人間から嫌われることの多いコウモリを悪者扱いするだけですませるわけにはいかないと主張する。コウモリは生態系の維持において不可欠な役割を果たしているうえ、他の多くの動物もまた病気を媒介するのだ。コウモリがコロナウイルスを容易に媒介するのは事実であるとしても、COVID-19が人間に感染したのは、肉と鱗（うろこ）目当てで密猟が行われている珍獣、センザンコウが原因と見られる。人間が反省すべき点は何だろうか。人間には数千年にわたる病気との闘いの歴史があるにもかかわらず、動物に関する衛生対策や規制をおろそかにすれば、人間が重大な危険にさらされるという教訓を学ぶことは、まだできていないようだ。

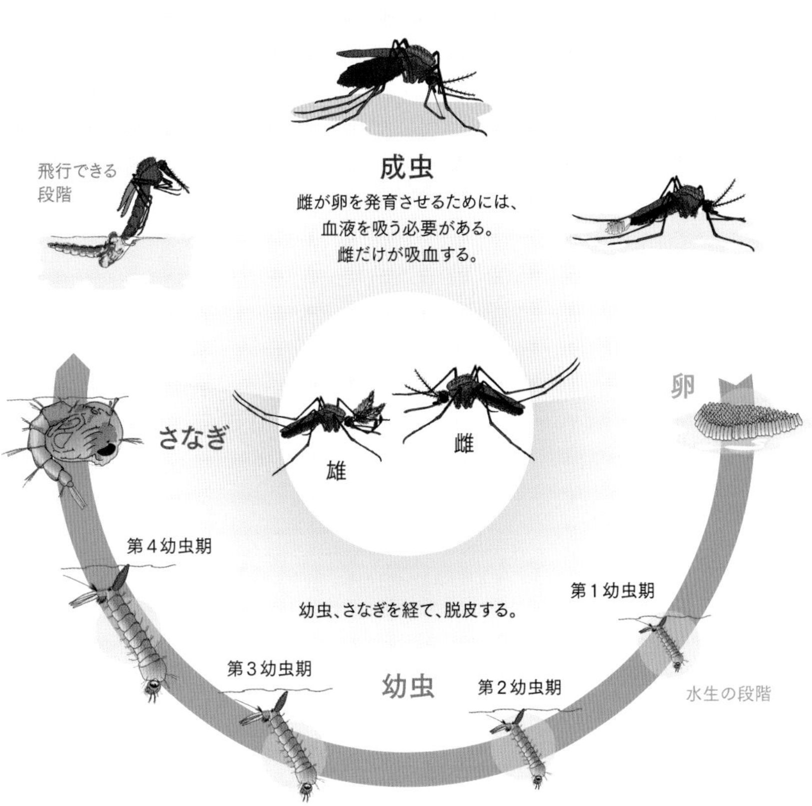

成虫

雌が卵を発育させるためには、
血液を吸う必要がある。
雌だけが吸血する。

飛行できる
段階

卵

さなぎ

雄

雌

第4幼虫期

第1幼虫期

幼虫、さなぎを経て、脱皮する。

第3幼虫期

幼虫

第2幼虫期

水生の段階

蚊

人類の疫病神

とても小さくて、どこにでもいる蚊。
毎年、世界中で何十万人もの命を奪う危険な存在だ。

人間にとって
最も致命的な動物

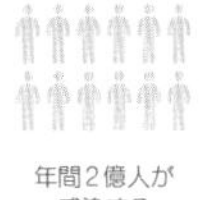

年間2億人が
感染する

左ページ：
アフリカからアジアまで、楽園のような風景が広がる場所に、目に見えない病気を媒介する蚊が多く生息している。

上：
蚊の繁殖サイクル。雌の蚊だけが刺す。卵を作るために血を吸う必要があるからだ。

疫病神といっても、死をもたらす真犯人は、正確には蚊ではない。雌の蚊が持っている寄生虫だ。マラリア、デング熱、チクングニア、ジカ熱など、1回、蚊に刺されただけで感染してしまう。マラリアだけで、年間50万人近くが死亡している。その症状はよく知られており、頭痛、筋肉痛、全身の脱力感に加え、発熱、悪寒、大量の発汗が交互に繰り返される。18世紀に初めて発見されたとき、死をもたらす伝染病は湿地帯の悪い空気によって引き起こされると考えられ、悪い空気を意味する古語のマラリアと呼ばれるようになった。オーギュスト・ラベランとロナルド・ロスがアノフェレス蚊による感染メカニズムを特定し、ノーベル医学賞を受賞したのは1880年代のことだ。今では予防・治療薬は存在するものの、ワクチンの開発に苦慮しているのが実情だ。マラリアは直ちに対応が必要な健康上の非常事態で、毎年、寄生虫を媒介する蚊が、アフリカ、アジア、ラテンアメリカの貧しい熱帯地域を中心に、90カ国で2億人近くを感染させている。サハラ以南のアフリカだけで、感染者の90パーセント、死亡者の92パーセントを占め、その3分の2以上が5歳未満の子どもだ。しかも、蚊が媒介する寄生虫は皮膚が厚く抗生物質による治療に対する耐性が高まりつつあることが懸念されている。医学が現在試みているのは、寄生虫に対して抵抗力を持ち、寄生虫を無力化できるように蚊を遺伝子操作することだが、この挑戦はまだ始まったばかりだ。

突然訪れる不運

どんなに気をつけていても、突然の不運に巻き込まれることがある。例えば、地面が裂けて町全体が崩壊する、散歩していたら隕石が頭上に落ちてくる、崩れ落ちた岩に腕を挟まれて身動きできなくなる——そんな事態を打開することはできるだろうか。

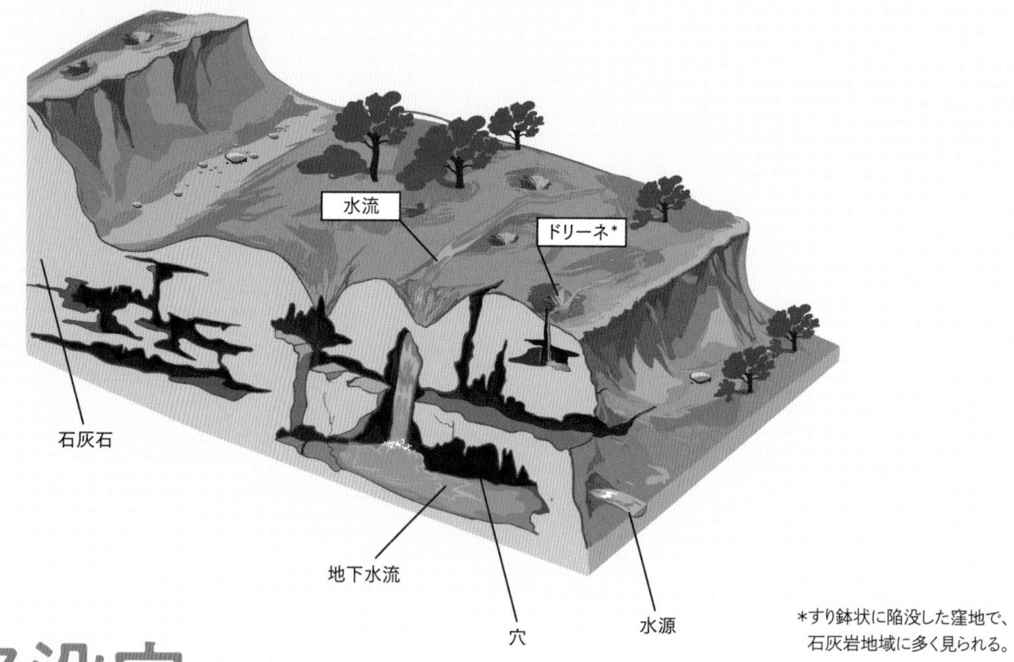

*すり鉢状に陥没した窪地で、
石灰岩地域に多く見られる。

陥没穴

足元に潜む危険

足元の地面が突然、深く陥没することがある。
そのような事態がいつ、どこで起きるか、予測するのは難しい。

穴の直径は
1～600メートル

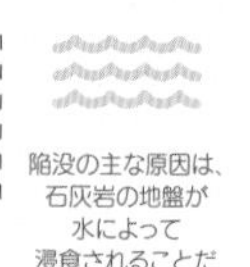

陥没の主な原因は、
石灰岩の地盤が
水によって
浸食されることだ

突然、地面に穴が開く。穴の深さは数十メートルから数百メートルで、道路や建物、動物や人間を巻き込み、耳をつんざくような轟音と衝撃が起きる。これは特殊な災害ではない。私たちが考えているよりもずっと頻繁に起こる現象だ。専門家は、さまざまな地下空洞が原因だと指摘する。地球の内部が、穴だらけのスイスチーズのようになっているのだ。思いがけないところに存在している穴は「シンクホール」（英語）、または「ドリーネ」（ドイツ語）と呼ばれる。石灰岩の地盤の水はけが悪くて水がたまり、数メートルにわたって浸食されると、地下に空洞部分ができる。この現象は人間の活動によって引き起こされることもあり、特に鉱山地帯では坑道の崩壊が常態化している。しかし、自然現象による陥没も多発している。例えば米国フロリダ州では、土壌が多孔質で地盤が非常に崩れやすく、足元に陥没穴が開くリスクが住宅保険に含まれているほどだ。近年だけでも世界各地で大規模な陥没穴がいくつもニュースになっている。ドイツのシュマルカルデンでは2010年、住宅街で地面に直径約30メートルの穴が開いた。2016年にはロンドンで地面に突然できた穴にバスがのみ込まれ、2018年にはニュージーランドの田園地帯で、大きさがサッカーコート2面分に及ぶ陥没穴が開いた。また、2010年にはグアテマラ市で、激しい雨のため深さ90メートルの地下ポケットが破裂、3階建ての工場が倒壊して15人が死亡した。グアテマラ市の地盤は、石灰岩の堆積物と火山灰からなる粉状の土壌でできている。さらに、地域の天候に適応した排水システムが整備されていないことから、浸食されやすく、危険度が高くなっている。グアテマラ市に限らず、このような地域では、次の一歩を踏み出す前にはつねに十分な注意が必要だ。

上：
クロアチアの陥没湖、レッド湖。

左：
2010年にグアテマラ市に現れた陥没穴。

チェリャビンスク

隕石が落ちた街

巨大な火球が地球に向かって突進してくる。
実害が出ることはまれでも、大きな恐怖を与えるシナリオだ。

チェリャビンスク（ロシア）

直径約19メートルの隕石

上：
隕石の通過後、空に残された白煙。目撃者はあっけに取られがちだが、珍しく撮影に成功して貴重な瞬間を捉えた。

左ページ上：
チェバクル湖の湖底から回収された隕石の破片。重量570キロに達する。

左ページ下：
チェリャビンスク劇場をはじめ、衝撃波に襲われた数千棟の建物で窓ガラスが粉々になった。

空が落ちることはあるのだろうか？ ロシア・ウラル地方の都市チェリャビンスクの住民が目撃したように、まれではあるが、あり得ることだ。2013年2月15日午前9時すぎ、重量約1万トン、直径19メートルの隕石が秒速19キロで大気圏に突入し、高度30キロで爆発した。空気の摩擦で減速した破片は分解し、広島に投下された原爆の30倍に相当するTNT火薬50万トン相当のエネルギーを放出した。最大の破片は重量570キロで、地上に落ちたら死者を出す可能性もあったが、この破片はチェバルクリ湖に落下し、2013年末に回収された。大きな被害を出した要因は超音速の衝撃波で、通行人は地面に叩きつけられ、3500棟を超える建物の窓ガラスが割れた。この大災害によって1142人の負傷者が出て、多くの人々を恐怖に陥れたが、死者は出なかった。空に長く延びる白煙の軌跡を捉えたアマチュア映像、発見された破片、衝突クレーターの調査により、隕石の正体が突きとめられた。隕石の起源は、アポロ群に属する地球近傍小惑星だった。少なくとも120万年前から宇宙空間を漂っていたとされ、直径2キロに及ぶ小惑星86039から分離したと推測されている。チェリャビンスク隕石はとりわけ有名だが、一帯を襲った隕石としては過去にも例がある。1908年、中央シベリアのツングースカ川付近に天体が落下し、6000万本の木が吹き飛ばされたのだ。しかし、心配するには及ばない。米国航空宇宙局（NASA）の推定では、毎年8万4000個の隕石が地球に衝突しているが、そのほとんどは重さ10キロ未満で、しかも海面に落下している。

127時間

1秒の不運から始まった死との闘い

渓谷で1人、岩に腕を挟まれて身動きできなくなったアーロン・ラルストンは、並外れた冷静さで生き延びた。

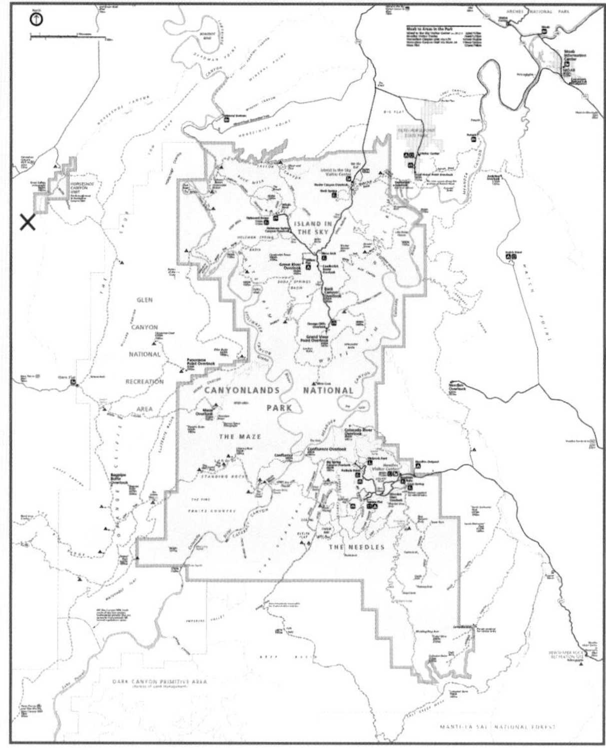

ユタ州
（米国）

岩の重さは
約300キロ

右ページ上：
ブルージョン・キャニオン。この狭く切り立った人里離れた渓谷で、アーロン・ラルストンは127時間にもわたり、救助の見込みもなく、たった1人で死と戦った。

右ページ下：
ラルストンは自らの墓碑銘として「RIP 7/5/03」「Aron」と岩に刻んだ。その後、勇気を振り絞って自分の腕を岩の下から切り離した。

150-151ページ：
ユタ州のキャニオンランズ国立公園。コロラド川の浸食によって削られた台地と渓谷が絶景を繰り広げる。

2003年4月のある朝、米国ユタ州のブルージョン・キャニオンを目指した若き米国人登山家、アーロン・ラルストンにとって、その日はありふれた一日になるはずだった。とはいえ、やはり人里離れた場所に出かける前に、自分の計画を誰かに話しておくべきだった。でも後悔してもどうにもならない。アーロンは、覚悟を決めて、狭い渓谷を降りる準備をしていた。そのとき突然、巨石が落ちてきて、アーロンの右腕が下敷きになった。赤い砂埃の中に横たわったアーロンは、岩と岩壁の間に右腕が挟まれ、立ち上がれないことに気づいて愕然とした。どうすればいいのだろう。この狭い渓谷まで、救助に来てもらえる見込みはない。5夜と6日間にわたり、アーロンは絶望と生存への闘いの間で揺れ動く。クライミングギアで岩を持ち上げたり、掘ったりしようとしても、岩はびくとも動かない。壁に自分の墓碑銘を刻みつけた。脱水症状と低体温症によって少しずつ死期が近づいていることを知り、幻覚に悩まされながらも、岩の聖堂のような渓谷から生きて脱出するには右腕を置いていかなければならないという現実を直視する。やがて、時間との戦いが始まった。時間がたつにつれ、体力は衰えていく。携行していたナイフでは骨を切ることができなかった。しかし、挟まった腕をねじることで骨を折ることはできた。それから、ナイフを使って、何とか腕を切り離した。自由の身になるまでに1時間かかった。過労で倒れる前に、文明の世界に戻らなければならない。アーロンは夢で未来のわが子に出会えたと信じ、渓谷から脱出して、腕の切り口を胸に押しつけるようにしながら、助けを求められるところまで歩き続けた。2010年、この奇跡の生還劇を、ダニー・ボイル監督が『127時間』というタイトルで映画化した。物語の教訓は、登山の計画は必ず事前に周囲に伝えておくべきだということだ。

シウラグランデ

宙ぶらりんになった死

垂直にそびえ立つ氷の壁を山頂まで登るのは、
登山家にとって最も難易度の高いことの1つだ。
しかし、下山するときにも、予期せぬ危険が待ち受けている。

コルディジェラ・ウアイウアス(ペルー)

標高6344メートル

左ページ：
コルディジェラ・ウアイウアスの氷河湖から見たシウラグランデ(左奥)。

標高6344メートルのシウラグランデは、ペルー・アンデスの大山脈、コルディジェラ・ウアイウアスの最高峰ではないが、数十人の登山家が登頂に失敗していることから、とりわけ悪名高い。1985年、この山の垂直に切り立った岩場が驚くべき人間ドラマが展開される舞台として知られることになった。高度な技術を要する西壁の登攀(とうはん)に成功した2人の若き英国人登山家、ジョー・シンプソンとサイモン・イェーツは、迫り来る嵐から逃れるため、急遽、北壁経由で下山することを強いられた。しかし、シンプソンが落下して骨折したことで、2人の生還は危うくなる。高山は負傷者にとって容赦ない環境だが、イェーツは相棒を見捨てようとはしなかった。シンプソンの体を自分の体につないだロープに縛りつけ、何度にも分けて壁を滑るように降ろしていった。しかし荒れ狂う嵐の中で視界が悪くなったとき、イェーツは、ロープが短すぎて次の岩場にシンプソンを下ろすことができないと気づく。シンプソンが宙づりの状態になったロープを、イェーツは1時間にわたって支えていた。しかし、シンプソンの体重が重くのしかかり、イェーツは断腸の思いでロープを切る決心をした。シンプソンは深いクレバスに落ちたが、雪のおかげで落下の衝撃は弱められた。氷の壁に囲まれ、痛みに苦しみながら、シンプソンは勇気を振り絞って山間の谷底を歩き出す。「あきらめて動かずに死を待つより、自ら歩いて死と出会うほうを選んだ」と、後に書いている。シンプソンは懸命の努力の末に氷河を抜け出し、岩の上をはうようにして10キロほど進んだところで、イェーツを見つけることができた。シンプソンの自伝『死のクレバス アンデス氷壁の遭難』(邦訳、岩波現代文庫、2000年)のフランス語版の題名は「宙ぶらりんになった死」というもので、西壁の別称として知られるようになった。この本で、シンプソンは、山の厳しさが登山家に課す究極の選択と、死に直面した人間の意志の強さについて書いている。「宙ぶらりんになった死」こと西壁は、1999年に米国の登山家、カルロス・バーラーが挑んだものの、登攀は失敗に終わった。

マッターホルン

悲劇の山

スイスの有名なチョコレートやお菓子のパッケージに描かれることも多いマッターホルン。優雅なシルエットは世界中で親しまれているが、その評判は輝かしいものだけではない。

スイス・イタリア国境

1865～2011年の死者は推定500人

上：
生存者の証言をもとに1865年の遠征の様子を描いたギュスターブ・ドレの絵。

右ページ：
ツェルマット（スイス・バレー州）から見たマッターホルンの有名な北壁。

フランス語で「セルバン」、イタリア語で「チェルビニオ」、そしてドイツ語で「マッターホルン」。呼び名はさまざまだが、この山は誰にとっても、美と死が不吉に交錯する山である。スイスとイタリアの国境に堂々たる姿を見せるマッターホルンは、ピラミッドのような山容から、垂直の崖、4478メートルの片麻岩の山頂まで、奇跡のような優雅さを見せている。しかし19世紀の登山家たちには長い間恐怖心を与え、アルプスの山の中でも、かなり後まで征服を許さなかった。登頂を目指した挑戦者の物語は、苦い失敗の連続であり、ときには悲劇をもたらした。1865年、スイス人とフランス人のガイドを従えた英国の登山隊がついに山頂に到達したときも、不幸なことに喜びは長く続かなかった。登山隊が下山を始めたとき、1人がヘルンリの岩棚から滑り落ち、3人の仲間を道連れにしたのである。悲劇に終わったこの冒険は、登山の黄金時代の終わりと、そしてマッターホルンで命を落とした人たちの長い名簿の始まりとして歴史に刻まれた。1865年から2011年の間に約500人が山で亡くなっている。マッターホルンの北壁は、落石や厳しい気象条件にさらされる高低差1200メートルの断崖絶壁で、マッターホルンのアイガー、モンブランのグランドジョラスと並んで、アルプス三大北壁に数えられるほど、登頂が難しい。東壁はやや低い位置にあり、単調な岩場が続くが、危険度は同じくらい高い。このような過酷な山壁のせいで、登頂をあきらめる登山者が非常に多いだけではなく（ガイドをつけずに登山する人の65パーセントが山頂に到達する前に引き返す）、乱気流や激しい嵐といった悪条件が加わるために、毎年多くの死亡事故が発生している。

ヘラジカ 出会い頭の危険

カナダからシベリアまで、広く分布しているヘラジカ。
この大型のシカは、ドライバーにとって深刻な脅威となっている。

スカンジナビアから
シベリア、カナダを経て
アラスカまで

雄の体重は
500〜700キロ

上：
約10万頭のヘラジカが生息するフィンランドでは、北半球の多くの国と同様、事故が多発している。

右：
世界のヘラジカの分布。

右ページ：
ヘラジカの聴覚は非常に優れているが、道路を横断するとき、車の音に耳を傾けることはほとんどない。

自動車の安全性を確認するため、急な回避に際しての動きの安定性を評価するテストは、「エルクテスト（ヘラジカ試験）」と呼ばれる。ドライバーはつねに車の安全性をエルクテストで確認するべきだが、特に、本物のヘラジカが道路に現れる危険性がある地域を走るときはその重要性が高まる。ギリシャやインドネシアではほぼあり得ないが、シベリア、北米、スカンジナビアでは、運転中にヘラジカが急に突進してくるという事態は十分に起こり得る。平たい扇のような角が特徴のヘラジカ（学名*Alces alces*）は、世界各地に生息するシカの中で最も大きい種だ。しかし、最もおとなしいシカではないし、また道路横断にかけて最も慎重なシカともいえない。先史時代からいた動物ならではの獰猛さを備えているのが最大の特徴というべきかもしれない。ヘラジカの危険性は非常に深刻で、ヘラジカが生息する国の関係当局はそれを十分に認識し、人間とヘラジカ双方の命を守るため、危険度の高い地域では法定速度を抑え、ドライバーの警戒心を高める方策を実施している。特に、ヘラジカの行動が活発化する日の出と日没前後は厳重な注意が必要だ。また雄は雌よりも危険度が高い。雄は平均で体長230センチ、体重500キロを超え、走る速度は時速50キロに達することがある。そうと知ったら、どんなに向こうみずなドライバーであっても警戒せずにはいられないだろう。北半球で自動車を運転する際に知っておくべきヘラジカ対策が、いくつかある。「ヘラジカ出没注意」の標識のある危険地帯では速度を落とすこと。クラクションを鳴らしたり、ヘッドライトを点滅させたりするのは、ヘラジカが突進してくるリスクを高めるので避けること。そして、万一ヘラジカと衝突した場合の注意点としては、倒れたヘラジカがけがをしただけの場合は強力に蹴られるリスクがあるので、近寄らないこと。ヘラジカによる自動車事故は毎年何万件も起きている。ヘラジカにとっても運の悪いドライバーにとっても命取りにならないよう、アドバイスには従っておいたほうが賢明だ。

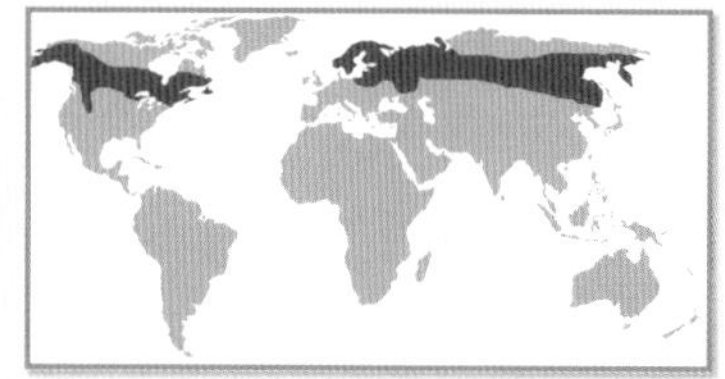

モスクストラウメン

海のブラックホール

ノルウェーのノルドランド地方では、古くから
海の「ブラックホール」が船乗りの恐怖心を煽ってきた。

サルトストラウメン海峡
（ノルウェー）

渦巻の流れは
時速40キロに達する

上：
ボーダとストラウム島を結ぶ橋の下に見える
サルトストラウメン海峡の潮流。

右ページ：
サルトストラウメン海峡の渦は、直径10メートル、深さ5メートルにも達する。

海を吸い上げるほどの渦潮というのは伝説ならではの誇張だが、ノルウェーのモスケネス島とバル島の間に発生するモスクストラウメンは、現実に多くの船乗りを死に至らしめている強力な渦潮だ。時速約18キロというその海流は、ソルトフィヨルド海峡に発生し、世界最高記録を保持するサルトストラウメンの時速40キロには及ばないとしても、陸から離れていながら突然波が激しく打ち寄せ、予想外の海域に発生することもあって、非常に危険だ。北欧神話の英雄たちの活躍をたたえる古ノルド語の詩「エッダ」にも登場するモスクストラウメンは、バイキングたちに「海の穴」と呼ばれてよく知られた存在だった。ルネサンス期には、オラウス・マグヌスによる見事な航海図に、海蛇や幽霊のように潜む暗礁とともに大きく描かれた。17世紀末になるとようやく、ノルウェー人司祭ペッター・ダスが、渦潮の力が月の公転周期と関係していることを立証した。1841年、エドガー・アラン・ポーが短編小説「メールストロムの旋渦（せんか）」でその高貴さを表現し、その後もハーマン・メルビルの『白鯨』（1851年）、ジュール・ベルヌの『海底二万里』（1869年）といった文学作品で言及されている。『海底二万里』ではネモ船長が率いるノーチラス号が、モスクストラウメンの潮流に流される様子を、ジュール・ベルヌは「水平線のあらゆる地点から、巨大な波が押し寄せる」と誇張も交えながら書いている。「その波が『海のへそ』と呼ばれる深淵を形成し、その引き波は15キロ先に及び、船だけでなく北方のクジラやホッキョクグマも吸い込む威力を持つ」。さまざまな文学作品に描かれているのは、この驚異の自然現象に対して人間が抱く畏怖の念にほかならない。

CARTA MARINA ET DESCRIPTIO
SEPTEMTRIONALIVM
ERRARVM·AC·MIRABILIVM·RERVM·IN·EIS·CO
GRVTLANDIE PARS
GRVTLANDIE PARS
ISLANDIA
A
MARE GLACIAE
B
PISTRIS SIVE PHISETER
FARE
AMBRA
ZIPHIVS
OCCIDENS
TILE
D
SCANDIA
E
ORCADES XXXIII
INSVLE HEBRIDES
NORVEGIA REGNVM
TILEMARCHIA
SOLOGIA
VERMELADIA
DALACARLIA
MARE DEVCALIDONICVM
SCOCIE PARS
ANGLIE PARS
G
OCEANVS BRITANICVS
MARE GERMANICVM
DANIA
H
GOTHIA
HOLSATHIA
FRISIA
POMERANIA
SCALA MILLIARIVM
GRADVS LONGITVDINIS

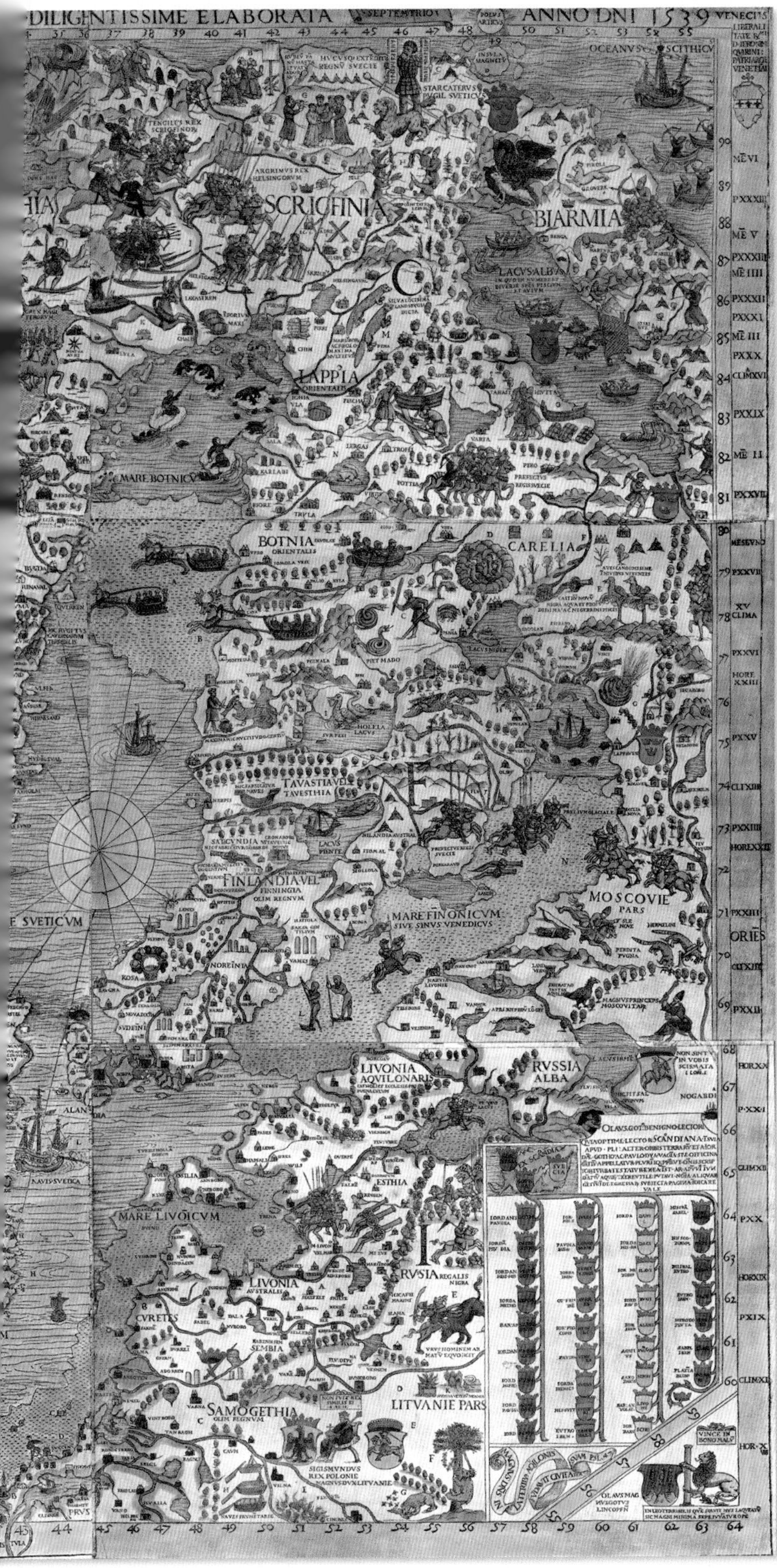

左：
16世紀、スウェーデン最後の大司教、オラウス・マグヌスが作成した有名な航海図「カルタ・マリーナ」。モスクストラウメンが大きく描かれている（赤い海蛇の右側）。

上：
2010年12月25日、台湾籍の漁船、旭富一號（シウフー1号）がマダガスカルの北東120マイルで海賊に拿捕された。船を占拠していた海賊は19カ月に及ぶ交渉の末、300万ドルの身代金と引き換えに船長と乗組員25人を解放したとされる。

右：
「Live Piracy Map」で検索すると、海賊による攻撃がリアルタイムで表示されている地図にアクセスできる。

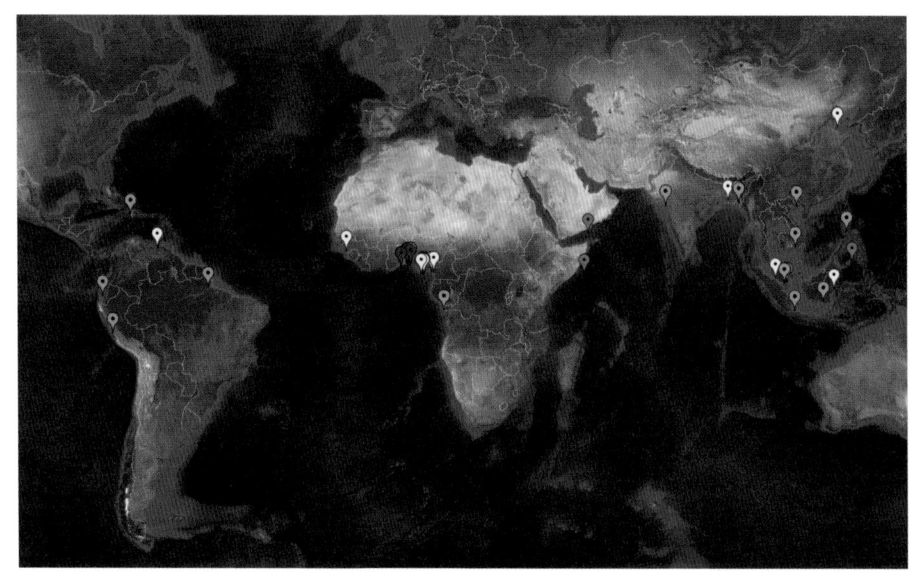

海賊による攻撃未遂  乗船  射撃  人質事件  不審な船

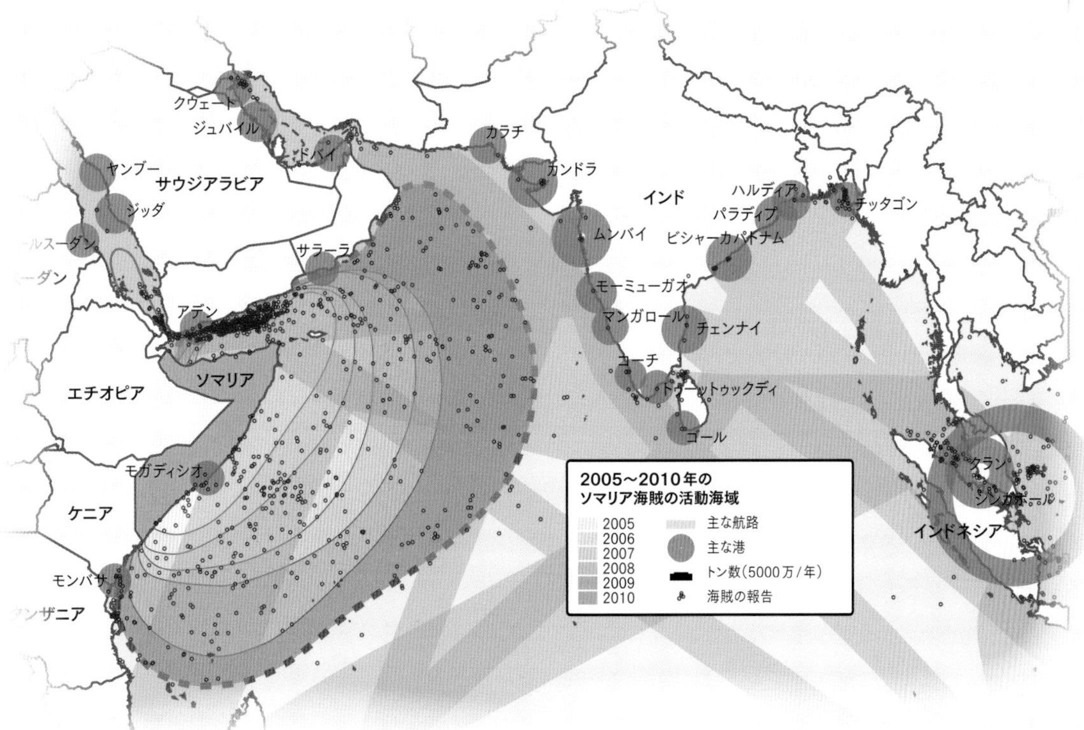

海賊船

世界の海に出没する脅威

ヨットマンにとっても、国際航路を航行する商船の乗組員にとっても、共通の最大の敵といえば、世界中の海に出没する海賊である。

ギニア湾、アデン湾、マレーシア、インドネシア

年間約180回の攻撃

ハリウッド映画『パイレーツ・オブ・カリビアン』の主人公、ジャック・スパロウは、眼帯をして木の義足をつけた古典的な海賊のイメージを代表する存在だが、そんな海賊は昔話にしか出てこない。しかし、海賊行為は今日も差し迫った問題であり、世界の沿岸地域の住民の間で貧困が拡大していることや、海上貿易が盛んになり世界の商品貿易の80パーセントを占めるようになったことから、さらに深刻化している。現代の海賊は、金や積荷のラム酒を奪うだけでは満足しない。船を拿捕し、乗員や乗客を人質にして身代金を要求することがその目的だ。海賊行為はここ数十年で爆発的に増加し、2000年代にはアフリカ大陸の端にあるソマリア半島とアラビア半島の間にあるアデン湾が多発海域として有名になった。これを受けて、2008年には欧州連合（EU）が海軍の出動を含む海賊対策計画を立ち上げた。しかし、海賊はそもそも移動を得意とし、小型船舶を使って自由自在に出没する。現在、海賊の動きを1日単位で見られるウェブサイトが公開されている。これは歓迎すべき進展だが、つねに海賊多発海域であるアデン湾（インド洋の紅海口に位置する）からギニア湾、インドネシアからマレーシアのマラッカ湾まで、世界各地に数多くの危険海域が存在する。大型商船の乗組員は原則として、海賊の攻撃に対応できるよう訓練されているが、海賊のもう1つの標的であるヨットには、それは当てはまらない。ますます高額になる身代金目当ての攻撃がやむことはなく、身代金の額も、ここ数年で50万ドルから5000万ドル、1億ドルへと膨れ上がっている。欧米を中心とした特殊部隊が世界の海で警戒しているものの、海賊は今後も横行すると見られる。古代ローマの哲学者、キケロが「hostis humani generis」つまり「人類の敵」と評した海賊との戦いは、今なお人類が国境を越えて取り組むべき課題であり続けている。海賊行為は国土の外で行われる犯罪だけに、解決には「普遍的管轄権」という特殊な概念が適用される。

164-165ページ：
海賊に狙われることが多いコンテナ船。積荷を盗むのではなく、身代金を引き出すのが海賊の目的だ。

バルト海

投棄された弾薬による海洋汚染

バルト海での漁業は、戦争に匹敵する危険行為だ。

バルト海

海中に大量の弾薬が投棄されている

右ページ上：
バルト海では、網を使う漁船が機雷の犠牲になりやすい。

右ページ下：
ロシア・カリーニングラードの海洋博物館が所蔵する浮遊機雷。

168-169ページ：
バルト海に残るドイツ国防軍の魚雷製造施設の廃墟。

ロンドン条約締結（1972年）を受けて、化学弾、マスタードガス弾、手榴弾などを含む爆弾の海洋投棄は禁止されている。条約など大げさだなどとはいえない。第一次世界大戦以来、弾薬の海洋投棄問題が深刻化し、公式に禁止されなければならなくなったのだ。何十万トンもの弾薬が海底に眠っている。難破船で失われたり、任務が中止されて引き返した飛行機が爆弾を捨てるために投下したり、敵の手に渡らないようにと投下されたこともある。これは、人間と環境にとって大きなリスクとなり、特にバルト海で深刻な海洋汚染を引き起こしている。水深が浅いうえに、水没した弾薬が大量にあるからだ。

北大西洋条約機構（NATO）の委託によってバルト海に沈む弾薬の調査が実施され、総計5万トンに及ぶと推定されている。これらが、深さ30～100メートルの海底に存在するボーンホルム海盆、ゴットランド海盆、小ベルト海峡、スカゲラク海峡、グダニスク海盆に点在し、ときに固まって沈んでいる。その多くは、第二次世界大戦末期に連合国軍によって接収されたナチスのボルガスト兵器工場で作られたものだ。これらの弾薬は、数十年の間に腐食が進み、化学物質（推定1万3000トン）が水中に放出される危険は高まる一方だ。地雷が網の中で爆発したり、漁師がマスタードガスで負傷したりする事例も多い。また、化学物質の漏洩が海底の動植物に被害を及ぼしている実態も、研究によって明らかになっている。バルト海の環境保護に取り組む国際組織、ヘルシンキ委員会（HELCOM）は、この問題に対処するため、政府間の情報交換を容易にし、各国による海底の地雷除去や正確な海洋地図の作成の支援を行っている。海運関係者も一般市民も、バルト海で兵器を発見した場合、当局に報告するよう求められる。危険の予兆は決して見過ごすべきではないのだ。

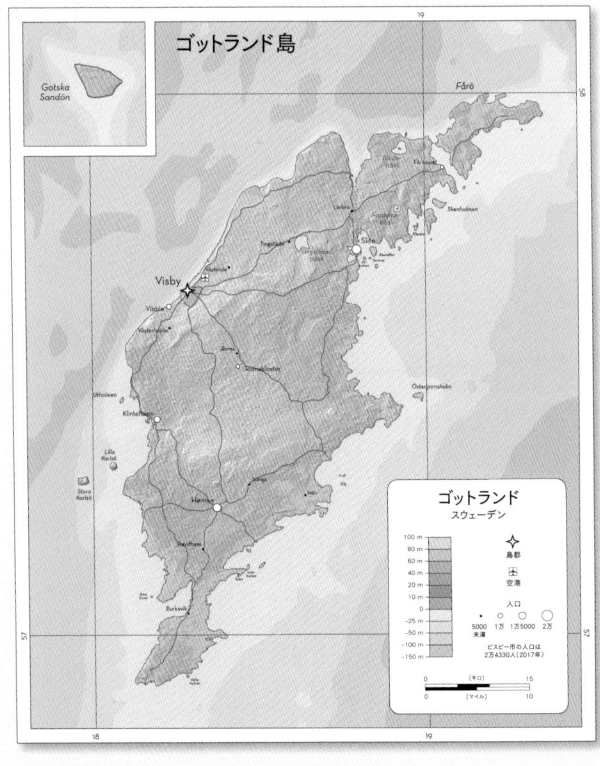

不発弾

第一次世界大戦の負の遺産

フランスの戦場跡では、戦後100年がたった今も、危険な状況が続いている。

オードフランス、グランテスト（フランス）

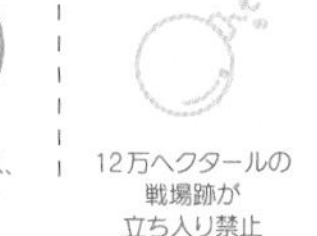
12万ヘクタールの戦場跡が立ち入り禁止

左ページ：
第一次世界大戦の戦場跡で発見された不発弾。

第一次世界大戦の残虐さと恐ろしさは、休戦から100年たった今も、フランスの記憶と風景に刻まれている。そして、戦争が終わったとはいえ、かつての戦場には今も危険が潜んでいる。地元住民、向こうみずな軍用品収集家、建築現場の作業員などの間で、毎年のように不発弾による死者が出続けている。そしてもちろん、特に被害を受けているのは地雷除去隊の勇気ある隊員たちだ（1945年以降、600人を超える犠牲者が出ている）。4年間の戦いを経た1918年には、前線の地域一帯は大きな被害を受け、月面のような風景になった。村は荒れ果てて、砲撃で畑は失われ、土地は寸断され、森の木々はなぎ倒された。フランス政府は戦災を受けた地域の地図を作成した。荒廃がひどく経済活動を行えない地区や、地雷が多すぎて所有者に返還できない土地は、危険区域に分類され、政府が買い上げた。その対象は12万ヘクタールに及び、数百万発もの不発弾が残されているだけでなく、何千もの無名戦士の遺体が埋められ、穴や塹壕が無数に掘られている。10年もたてば、該当する地域のほとんどから地雷が取り除かれ、植樹により「戦争の森」が造成されて、戦没兵士の墓地や追悼の場に生まれ変わったり、畑に戻されて農業が再び行われるようになるかもしれない。しかし、目に見えない危険は潜み、地雷除去も行われていない土地があちこちに細切れに残っている。こうした土地が集中しているのは、ベルダン近郊のスパンクールの森にある「毒ガス地帯」、国家記念碑設置のためカナダに譲与された地域の一部であるビミーの戦場跡地などで、あえて足を踏み入れるのは羊くらいという状態になっている。そういう土地にも地雷除去隊の隊員たちが入り、毎年500トン近い不発弾をフランスの大地から回収している。しかし、休戦から100年たった今も、重金属や化学兵器を含む有毒ガスが大量に眠っている土壌を浄化できる見通しは立っていない。

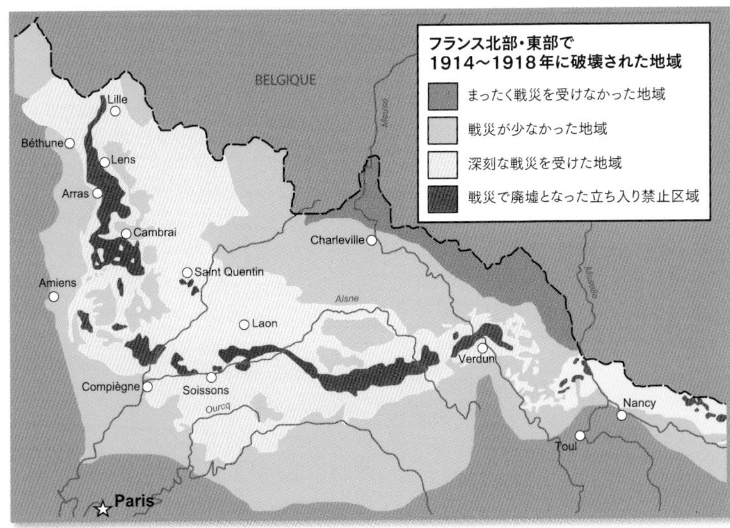

対人地雷

戦後も無害化できない兵器

世界では毎年、対人地雷によって、民間人を中心に2000人以上が亡くなっている。

最も地雷が多い国、アフガニスタンには500万〜700万個の地雷が埋設されている

2016年の死傷者数は8605人

右ページ上：
クロアチアでは、1991年から1995年にかけての紛争で埋設された地雷が残る危険な地域、約1万3000カ所に標識が設置されている。

右ページ下：
地雷除去作業員によって不活性化された地雷。

戦闘が終わった土地でも、戦争は殺戮を続ける。その原因は、人と接触することで爆発する対人地雷だ。地雷は兵士を対象とする兵器だが、実際には多くの民間人をも殺傷している。この事実を重く見て、国際社会は1997年に対人地雷全面禁止条約（オタワ条約）を採択し、地雷の使用、製造、備蓄、譲渡を禁止した。同時に、ハンディキャップ・インターナショナルなどの団体が、住民を対象とした事故防止キャンペーンや大規模な地雷除去作業を実施した。2022年末までに164カ国が署名したオタワ条約（ただし、地雷除去活動に財政的に貢献している米国はまだ署名していない）の採択から20年あまりが経過しているが、2017年のランドマインモニター報告書によると、良いニュースがある一方で、悪いニュースもある。まず、26の締約国は領土から地雷を完全に撤去することに成功し（特にモザンビークでは、地雷を探すために訓練されたネズミが目覚ましい効果を上げた）、ハンディキャップ・インターナショナルのコロンビアでの地雷除去キャンペーンは順調に進み、過去20年間、世界中で地雷5600万個が無害化処理された。その一方で、2年連続で犠牲者の数が増加している。その主な原因は、アフガニスタン、リビア、ウクライナ、イエメンでの武力紛争だ。地雷などの爆発性戦争残存物の犠牲者は2016年だけで8605人を記録し、そのうち少なくとも2089人が死亡するという悲劇的な状況が続いている。犠牲者のうち民間人が78パーセントを占め、最新の調査では61の国と地域で地雷汚染が見られる。現在も、ミャンマーやシリアの正規政府軍が数多くの地雷を埋設している。また、アフガニスタン、ミャンマー、ナイジェリア、インド、イラク、パキスタン、シリア、ウクライナ、イエメンの9カ国では、非国家武装集団が地雷を使用している。これらの紛争地域に行かないからといって、地雷に遭遇するリスクと無縁ではいられない。例えばヨーロッパでは、クロアチアの国内に、当局によると4万6000個の地雷が残っていて、かつて起きた紛争の痛ましい遺産となっている。

MINE MINES
NE PRILAZITE
NA OVOM PODRUĆJU JE VELIKA
OPASNOST OD MINA
hcr

銃器天国

子ども向けの銃を買える国

米国では、本物の武器を子どもたちに売るという
あり得ない愚行がメーカーによって行われている。

銃器の乱用による事件 （米国、2022年）	
総数	5万8810件
死亡者数	2万270人
負傷者数	3万8540人
子ども（0～11歳）の死傷者数	995人
青少年（12～17歳）の死傷者数	5176人
乱射事件の死傷者数	682人
警察組織が関与する事件	
警官の死傷者	412人
容疑者の死傷者	2273人
銃器の防御的使用	1204件
意図しない発砲	1632件

銃器による暴力と犯罪事件に関するデータは、7500の情報源から毎日収集・検証されている。これらのデータは、www.gunviolencearchive.orgで見ることができる。年間自殺者数2万4090人は上記には含まれていない。2022年の統計。2023年8月1日に検証済み。

米国

銃器で死傷する未成年者、
年間6168人
（2022年の統計）

悪名高い憲法修正第2条*がある米国では、故意または偶然に、銃器によって子どもが殺害される事件が毎週のように繰り返されている。また、48時間にわたってトップニュースとして報じられるような恐ろしい乱射事件も、半年ごとのペースで起きている。米国憲法は、殺人目的ではないにせよ、武器を持つ権利を保障しているため、武器産業はこれを利用して莫大な経済的利益を得ている。新しい市場を探すためなら手段を選ばない業者もいて、子どももマーケティングの対象とされることが珍しくない。ニッチ市場だが売れ行きは好調だ。子ども向けの銃に特化しているある企業は最近、4～10歳向けの銃を年間6万点ほど販売していると発表した。「My First Rifle（初めてのライフル）」と名付けられた最年少向けの製品群には、子どもの身長に合わせた多数のライフルがある。握る部分の仕上げは、女の子向けにピンク、男の子向けにブルー、お父さんの真似をしたい子向けに迷彩柄などが選べて、ゲームソフトよりも安い170ドルで購入できる。現代の犯罪現場では、5歳の犯人が2歳の犠牲者を出すということもあり得るのだ。銃業界は想像力を駆使し、遊び心を生かした巧みな商法を繰り広げる。ピストルやライフルがすべての米国人の必須装備であると人々の意識に刷り込むために、子ども向けのおとぎ話を書き換える試みまでしているのだ。例えば、「赤ずきん」を書き換えて、「赤ずきんはバスケットの中にリボルバーを、おばあさんはベッドの下に散弾銃を隠している」というのである。まさに銃の天国である米国では、ウェブサイト「gunviolencearchive.org」が、国内での銃による死を毎日記録している。この悲しい集計には日々、数行が追加され続けている。2022年の統計によると、全国で2万人以上が銃で死亡した。

右：
300ドル程度でネット注文できるルガー社製SR22タイプのピストル。

右ページ上：
フロリダ州パークランドの学校での銃乱射事件を受け、2018年3月24日にワシントンで行われた銃反対デモ。

右ページ下：
1999年4月20日に発生したコロラド州コロンバイン高校銃撃事件の犠牲者のために造られたメモリアルパーク。

＊「規律ある民兵団は自由な国家の安全にとって必要であるから、国民が武器を保有し携帯する権利は侵してはならない」として武器保有権を認める条項。

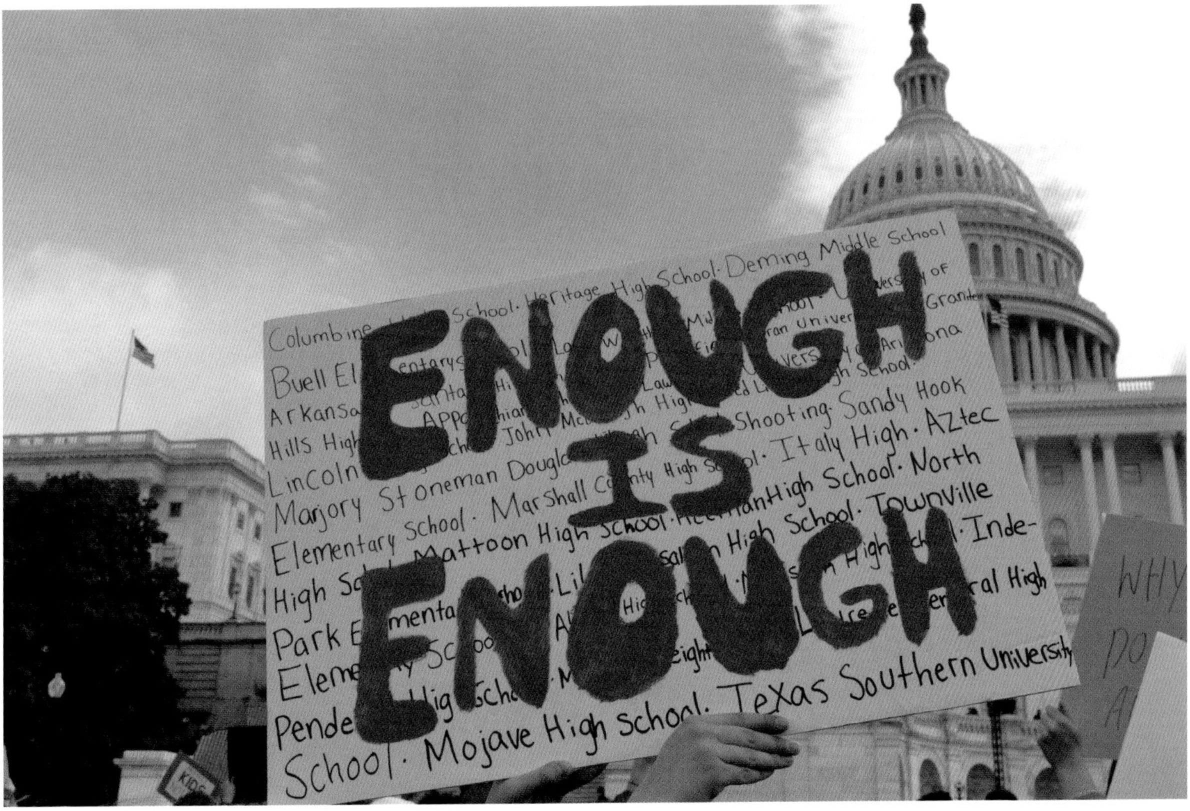
ENOUGH IS ENOUGH
Deming Middle School
Shooting · Sandy Hook
Italy High · Aztec
Marjory Stoneman Dougla
Marshall County High School
Mattoon High School
Texas Southern University
School · Mojave High School

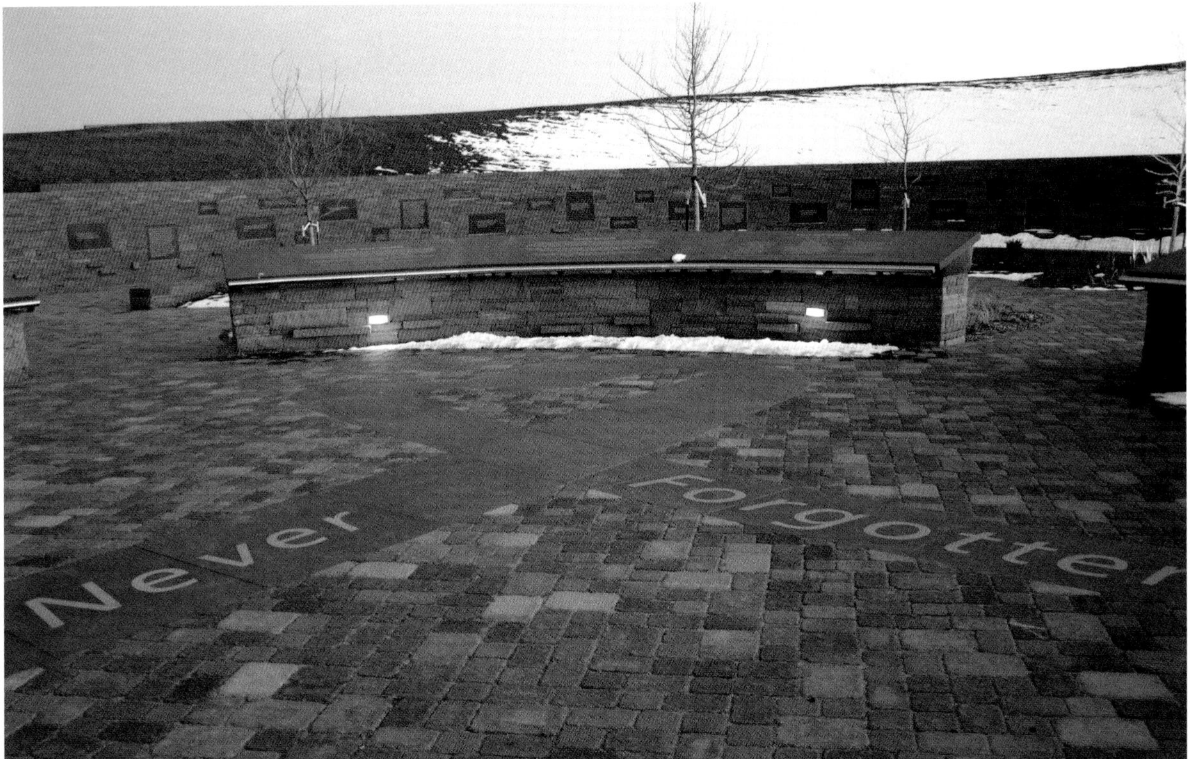
Never
Forgotte

天と地の気まぐれ

天が激怒し、あるいは大地のエネルギーが噴出したとき、人間が逆らうことは難しい。自然災害に遭いながらも生き延びるための唯一の方法は、空から降ってくる災害なら地中や深海に避難し、地下から来る災害ならできるだけ早く、できるだけ遠くへ逃げることだ。そのとき私たちは、地球というスケールの中で、人間がいかにちっぽけな存在であるかを実感する。

マラカイボ湖

世界で最も落雷が多い湖

年間160万回の放電が発生するマラカイボ湖は、
世界で最も落雷が集中する湖として、ギネスブックに載っている。

マラカイボ湖は2つの顔を持つ湖といえる。北側は大西洋への海峡とつながり、ベネズエラ第2の都市であるマラカイボの岸辺を優しく洗う。一方、カタトゥンボ川の激流が流れる南側では珍しい自然現象が見られ、地球上で最も危険な湖の1つに数えられる。ほぼ絶え間なく空に稲妻が光り、雷鳴がドラムロールのように鳴り響いているのだ。強力な雷雨が1日平均10時間も空を照らし、稲妻は最高で地上数千メートルにまで達する。雷雨は年間平均297日に及ぶ。1時間に290回、一晩で2000回の落雷があり、世界で最も雷が多い場所とされている。周囲数百キロにわたって巨大な閃光が見えることから「マラカイボの灯台」の異名を持つ。16世紀末、マラカイボの町を略奪しようとした英国の海賊フランシス・ドレークの船の到着をスペイン軍の守備隊が発見できたのは、こ

マラカイボ湖（ベネズエラ）

雷雨の日数が年間297日。世界で最も雷が多い

の強烈な光のおかげだと言い伝えられている。ここに落雷が多発するのは、周囲の湿地帯から吹く暖かく湿った風と、アンデス山脈から下りてくる冷たい風が出合い、そこにさらに湿地帯の空気と土壌に含まれているメタンガスやウランが加わることが原因と見られる。マラカイボの雷雨は、美しいと同時に恐ろしい自然現象だ。電流10万アンペアの雷に打たれたら、誰も生き延びることはできない。

竜巻街道

破壊的な竜巻の通り道

拮抗する大きな気団の交差点に位置する米国オクラホマ州では、定期的に竜巻が発生する。

オクラホマ州（米国）

オクラホマ州で1950～2022年に発生した竜巻は4184件に達する

左ページ上：
竜巻の威力はハリケーンを上回る。

左ページ下：
竜巻に見舞われたオクラホマ州ムーアの惨状。

182-183ページ：
平原を襲うスーパーセル（超巨大積乱雲）による雷雨。この種の嵐が竜巻の発生につながる。

毎年春になると、米国中西部の平野に暮らす住民は、この季節ならではの不安に襲われる。テレビ画面に警告が表示され、街角にサイレンが鳴り響く。「竜巻街道」と呼ばれる一帯では、カナダの草原から下りてくる乾燥した寒気団が、メキシコ湾から上がってくる熱と水分を含んだ雲と出合う。こうしてぶつかり合う風が垂直渦となり、破壊的な竜巻が発生するのだ。このとき地表に集中するエネルギーはハリケーンをはるかに超える威力を持つ。竜巻は米国テキサス州からネブラスカ州にかけて発生するが、最も影響を受けるのはその間にあるオクラホマ州で、1950年以降、4184件の竜巻が記録され、2022年の1年間だけで58件が発生した。1999年にはオクラホマシティー郊外の町ムーアを最強レベルである藤田スケール5の竜巻が襲い、88人が死亡した。同地区では2013年にも竜巻が発生し、死者24人と負傷者400人近くを出した。家屋はなぎ倒され、木は根こそぎ倒れ、車はもみ殻のように宙に舞う。風と嵐の怪物がもたらす被害は甚大だ。竜巻対策として、竜巻街道では米国の他の地域に比べて建築基準が厳しくなっている。屋根と壁の強度を高くし、建築物の基礎を深くすることが要求され、竜巻シェルターも設置される。すべての住宅や行政機関の建物には地下部分があり、水や食料、毛布の保管に使われる。1939年の映画『オズの魔法使』で、竜巻はジュディ・ガーランドを吹き飛ばしたが、魔法使いの国へと安全に運んでいった。また1996年の映画『ツイスター』では、勇敢な科学者たちが荒れ狂う竜巻を制御する試みに成功した。映画のように竜巻の危険を回避できる奇跡的な方法が実現するその日が来ることを期待しよう。

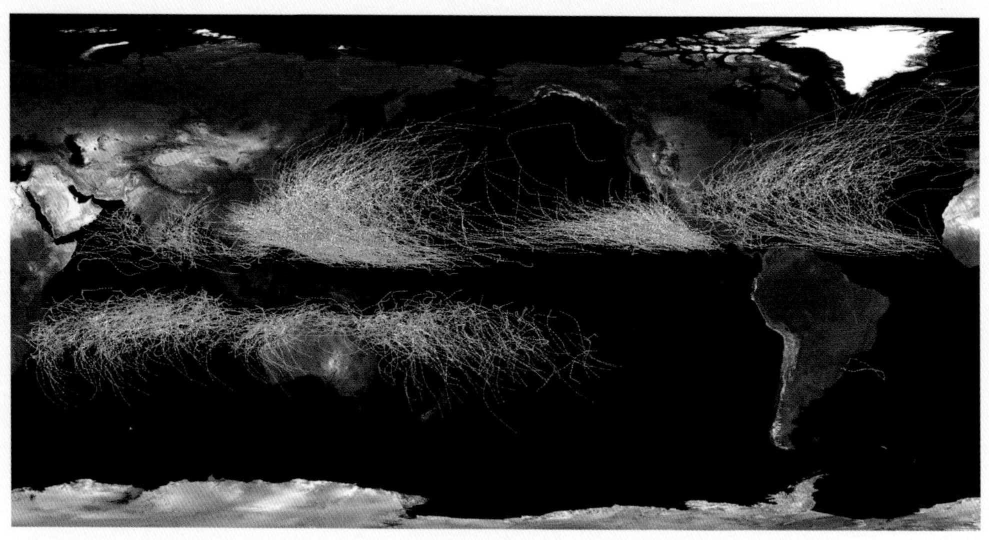

台風街道 強力な熱帯低気圧の通り道

フィリピン、中国、台湾、日本では、
毎年夏になると巨大な風雨の渦、台風が数十回通過し、ときに甚大な被害をもたらす。

西太平洋

地球上の熱帯低気圧の3分の1がここで形成される

上：
1985年から2005年までに発生したすべての熱帯低気圧の軌跡を示した地図。色はシンプソン・スケールで風の強度を示している。

右ページ：
2009年、NASAが撮影した南シナ海の台風17号「パーマァ」(下)と18号「メーロー」。

最大風速による条件を満たした熱帯低気圧を、発生した地域別に、大西洋は「ハリケーン」、北太平洋は「台風」、南太平洋とインド洋は「サイクロン」と呼んでいる。毎年、80個前後が発生して数千キロの距離を移動し、大きな被害を引き起こす。特に太平洋の北西部では被害が多く、全災害の3分の1近くを占める。台風は、熱帯低気圧が多発する帯状海域「熱帯収束帯」で、さまざまな要因が複合的に関わって形成される。まず、熱によって海からの蒸発が促進され、暖かく湿った空気の塊が15キロほどの上空に運ばれる。このとき、熱衝撃が起こり、上昇し続ける暖かい空気の管に沿って、冷気が急速に下降し、コリオリの力*によって強力な渦を形成する。時速数百キロの強風が吹き荒れ、高潮や低気圧のうねりなど、破壊的な影響を与える。フィリピンを襲った豪雨や竜巻は、その後、中国、台湾、日本を縦断する。例えば、2013年に発生した台風30号「ハイエン」は超大型で、最大瞬間風速は秒速90メートルに達した。死者6201人、負傷者2万8000人を出し、1785人が行方不明になった。1975年には、台風3号「ニーナ」によって中国で大洪水が起き、10万人近くの死者が出た。残念ながら発生する台風の強度を予測することは難しい。確実にいえるのは、毎年6月から11月にかけて、台風が繰り返しやってくるということだ。

＊回転運動している環境下にある移動する物体に対して、移動する方向と直角に働く力。

ダロール火山

岩陰に潜む死の沼

エチオピア北東部に広がる灼熱のダナキル砂漠。
そこには、世界でも有数の過酷な環境の火山があり、
この世のものとも思えない奇妙な光景が広がる。

ダナキル砂漠
（エチオピア）

火口内では
小動物の死骸が
数多く発見される

上：
硫黄の含有量が多いため、火口全体が鮮やかな黄橙色になる。

右ページ：
ここに見られるのは塩の塊で、「妖精の煙突」と呼ばれる。

188-189ページ：
火口周辺に暮らしているのは、塩田から塩を採取するアファール族だけだ。

硫黄水をたたえる池、噴出する有毒ガス、起伏に富んだ地形――ダロール火山の風景は、ここが危険な場所であることを雄弁に語っている。アラビア・プレートとアフリカ・プレートの間に生まれたダロール火山は、エチオピア北東部からエリトリア南部にまたがるダナキル窪地の海抜マイナス130メートルに位置している。20世紀初頭に発見され、現在も火山学者がほとんど調査していない場所であり、幻想とも悪夢ともつかない光景が広がっている。数千年前に紅海がこの地域に氾濫したときの遠い記憶をとどめるのが、広大な塩田に立つ数百本の塩の柱で、「妖精の煙突」と呼ばれ、火口の縁に立ち並んでいる。火口内には、酸性の池、噴気孔、黄橙色の鉱物の塊、100℃にも達する間欠泉がある。また地形の陰になったくぼみには、緑色の腐食性の沼が隠されていることがあり、一度踏み込んだら、人も動物も生きては出られない。堆積した岩塩の周囲に、液体の硫黄、溶けた黒雲母、沸騰した塩水が流れるこの環境には、人の営みが行われる余地はない。ムッソリーニの侵攻後、イタリア人が設置したカリ工場の今も残る痕跡は金属の山だけだが、それも火山の湿った空気によって錆び、硫化物の侵食を受けて徐々に消えつつある。地元の人々は火山に、土地の言葉で「腐敗した」を意味する「ダロール」と名付けた。そして、慎重に距離を置いて暮らしている。

VULCANO SOLFATARA
!
ATTENZIONE
Alte temperature del vapore e del suolo
Pericolo ustioni
Non avvicinarsi alle fumarole
Non salire sui pendii
Evitare affollamento in prossimità delle fumarole
Non scavalcare le recinzioni
!
ATTENTION
Hautes températures de la vapeur et du sol
Danger de brûlure
Ne pas s'approcher des fumerolles
Ne pas monter sur les pentes
Eviter de se presser autour des fumerolles
Ne pas dépasser les enceintes
!
WARNING
High temperature of soil and steam
Burning danger
Stay clear of the fumaroles
Do not climb up the slopes
Do not crowd around the fumaroles
Do not climb over the fences
!
ACHTUNG
Heiße Dämpfe und Bodentemperatur
Verbrennungsgefahr
Nähern Sie sich nicht den Fumarolen
Es ist verboten auf den Hügel zu klettern
Andrang an den Fumarolen vermeiden
Es ist verboten über den Drahtzaun zu steigen

フレグレイ平野

噴火が迫る超巨大火山

世界有数の人口密度の高さで知られ、旅行者も多いフレグレイ平野は、いつ爆発してもおかしくない静かな脅威を秘めている。

ポッツォーリ湾（イタリア）

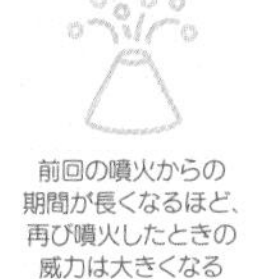

前回の噴火からの期間が長くなるほど、再び噴火したときの威力は大きくなる

上：
燃える灰と噴気孔が月面のような風景を織り成す。

左ページ上：
硫黄の噴気孔は、黄色い堆積物と腐った卵のようなにおいが特徴的だ。

左ページ下：
ソルファターレの山頂には硫黄の泥が沸き立つ温泉がある。

192-193ページ：
この古地図には、ナポリのすぐ西に位置するフレグレイ平野の隆起した部分の地形が驚くべき正確さで示されている（リッツォーリ=ザンノーニ作成のナポリ湾の地図、1792年）。

ナポリ周辺一帯はまさに火薬庫である。紀元79年にローマ帝国の都市ポンペイとヘルクラネウムを破壊したベスビオ火山の激しい噴火は、人々の記憶に刻まれている。ベスビオ火山が再び噴火すれば、数十万人のナポリ市民を脅かすことになる。この恐ろしい火山のわずかな揺れも見逃すまいと、観測態勢がつねに敷かれている。古くは「神々の土地」と呼ばれたこの地域には、もう1つの危険が潜んでいる。フレグレイ平野の超巨大火山だ。ナポリから9キロ離れたポッツォーリ湾の海中に半分沈んでいる火山で、今後の噴火の恐れは高まる一方だ。火山の地上に出ている部分、特に、山頂のソルファタ一ラと呼ばれる火口周辺に、噴気孔や泥穴が集中しており、200℃にも達するガスや蒸気の放出が見られる。深さ3キロの地点には、推定で直径2～3キロの溶けたマグマの湖があることが、火山学者によって確認されている。近年、地殻の緊張、岩石の変形、約2メートルもの地盤上昇など、懸念すべき兆候の報告が相次いでいる。ベスビオ天文台とユニバーシティ・カレッジ・ロンドンの研究チームは、次の噴火が間近に迫っていると見ている。現在、火口を構成する円形のくぼみであるカルデラの内部の住民は50万人を超え、それを囲むナポリ大都市圏には300万人以上の人々が暮らしている。噴火がもたらす被害は計り知れない。20万年前に起きた噴火は、ヨーロッパで最大の噴火といわれ、「火山の冬」と呼ばれる現象をもたらした。4万年前にネアンデルタール人が絶滅した原因をこの噴火と考える研究者もいる。「よく生きることを急ぎ、一日一日、それ自体が人生であると考えよ」と、ストア学派のセネカはいった。人間には火山を制御する力はないが、少なくとも古代ローマから伝わる哲学はある。

GOLFO DI NAPO
ISOLA D' ISCHIA
ISCHIA
I. DI PROCIDA
I. di Vivara
I. DI CAPRI
I. di Nisita
REALE CACCIA DEL FUSARO
Lago di Patria
Casino Reale
T. di Patria
Lago d'Agnano
Mare Morto
P. di Miseno
C. S. Montano
C. Negro
C. Cavallo
C. Portella
C. d'Arco
M.r Solaro
TRAMONTANA
MEZZODI
PONENTE
LEVANTE
Maestro
Greco
Libeccio
Sirocco
SPIEGAZIONI.
C. indica Capo. I. Isola. P. Punta. T. Torre. Ancoraggio di Legni grandi. Ancoraggio di Legni piccoli.
I numeri degli scandagli sono di Braccia ciascuno di cinque piedi Parigini.
Ognuna delle divisioni de' margini laterali contiene un minuto primo di grado equivalente al miglio Napoletano, che è di palmi Napoletani 7000, e questi stessi servono di scala delle latitudini crescenti per misurare le distanze da luogo a luogo.
L' altezza del Polo del Bastione più Settentrionale del Castello di S. Elmo di Napoli è stata stabilita con molte osservazioni di gradi 40. 50' 12". La longitudine dello stesso punto è di gr. 11. 57' 30". Orientale al Meridiano dell' Osservatorio di Parigi.

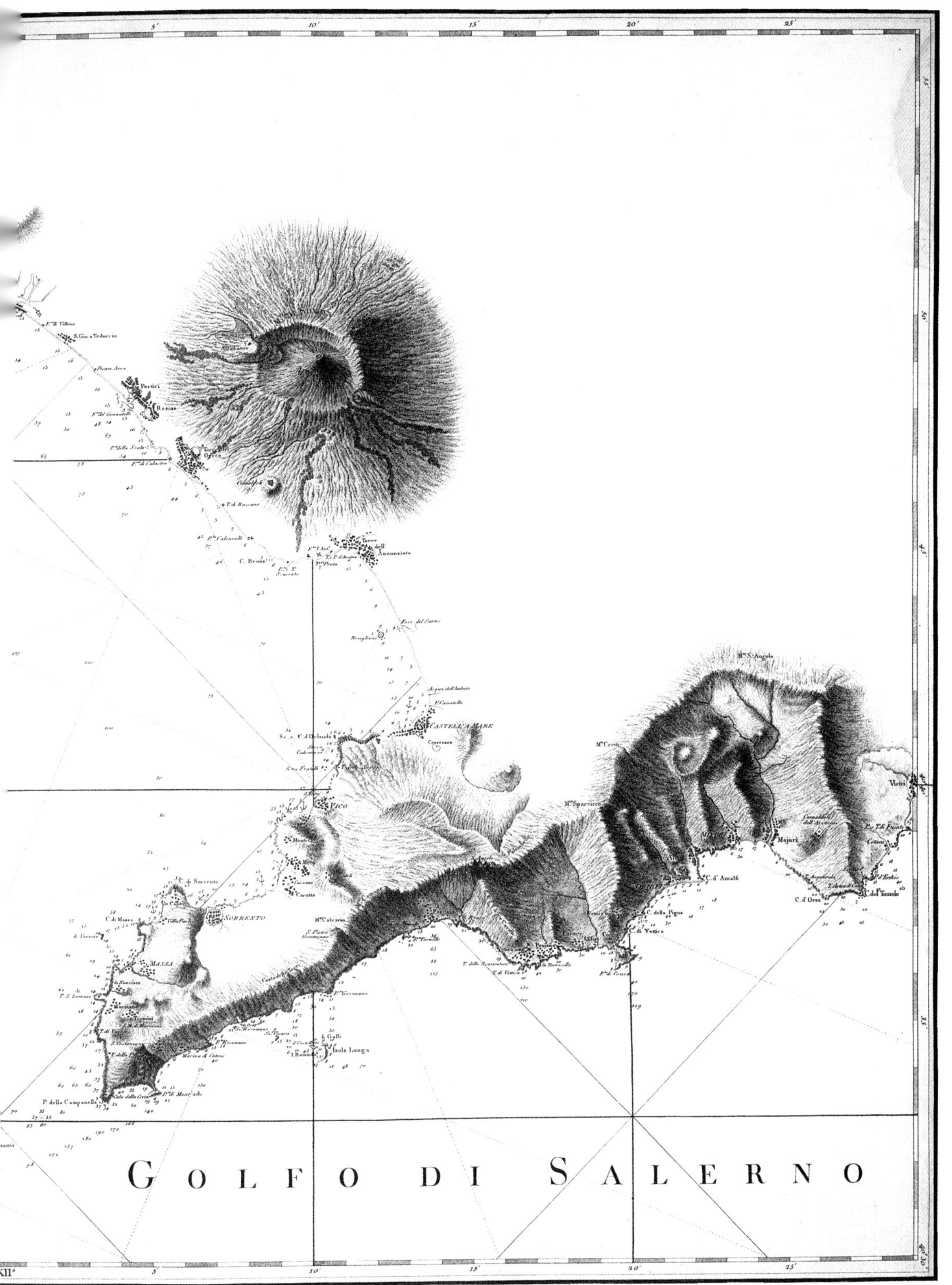
GOLFO DI SALERNO
CASTELL'A MARE
SORRENTO
MASSA
Vico
Vietri
Majuri
C. d' Amalfi
C. della Pigna
C. d' Orso
Portici
Resina
S. Gio. a Teduccio
Torre dell' Annunziata
C. Bruno
Isola Lunga
P. della Campanella
C. di Massa
Mte. Calvario
Mte. S. Angelo
Mte. Sparviero

モントセラト島
（小アンティル諸島）

頻繁に起こる
壊滅的な噴火

モントセラト島

復活した火山活動

小アンティル諸島の楽園モントセラト島では、
安全上の理由から領土の3分の2が立ち入り禁止となっている。

英国王の王冠やバッキンガム宮殿とは遠く離れた場所に、悲劇的な運命に見舞われた英国の小島がある。カリブ海に浮かぶ英国の海外領土であるモントセラト島は、小アンティル諸島の他の島々と同様、標高900メートルを超える火山性の地形を特徴とする。1995年、その島が火山島として復活した。1995年7月18日、島の南側にあるスーフリエール・ヒルズが噴火し、首都プリマスに甚大な被害をもたらしたのだ。これを皮切りに、静かだった400年あまりの期間を経て火山活動が非常に活発になり、さらに最悪の事態に至った。1997年6月から8月にかけて、数回にわたり、激しいプレー式噴火*が発生したのだ。火煙のような噴煙が発生して島の南半分全体を襲い、すでに被災していた首都は、数メートルの溶岩と泥で覆われた。噴火の規模に比して、死者は19人と比較的少なかったものの、社会的、生態的、経済的な被害は甚大だった。その日以来、火山活動は活発な状態を保ち、つねに脅威を与え続けている。荒廃した地域は住民全員が避難して立ち入り禁止区域に指定されている。モントセラト島に残る島民（島の人口の3分の2近くは島を離れた）は、現在、島の北部だけに居住を許されている。ブラデスが新首都と定められ、それに先立って新しい空港も建設された。島の南部は今も立ち入りが禁止されている。プリマスは廃墟となり、ここを訪れるには船上ツアーに参加するしかない。厚い灰色のコートをまとったようなゴーストタウンの光景は胸に迫る。かつてはカリブ海の楽園だったこの地にさらなる噴火の被害がないようにと、祈るしかない。2008年の噴火では、火山灰が高度1万2000メートルまで達し、2010年2月11日には溶岩ドームが爆発して、灰と炎の雲が立ち上った。1995年以来、政府が運営するモントセラト火山観測所が地震活動を監視している。モントセラト島は安全性を保証しつつ、スリルが味わえると宣伝することで、観光客を呼び戻し、生き続けようとしている。

右ページ：
モントセラト島南部には、世界の終わりのような風景が広がる（2007年の航空写真）。

＊ 火山の噴火形式の1つで、マグマと火砕流をともなう危険性の高い噴火。

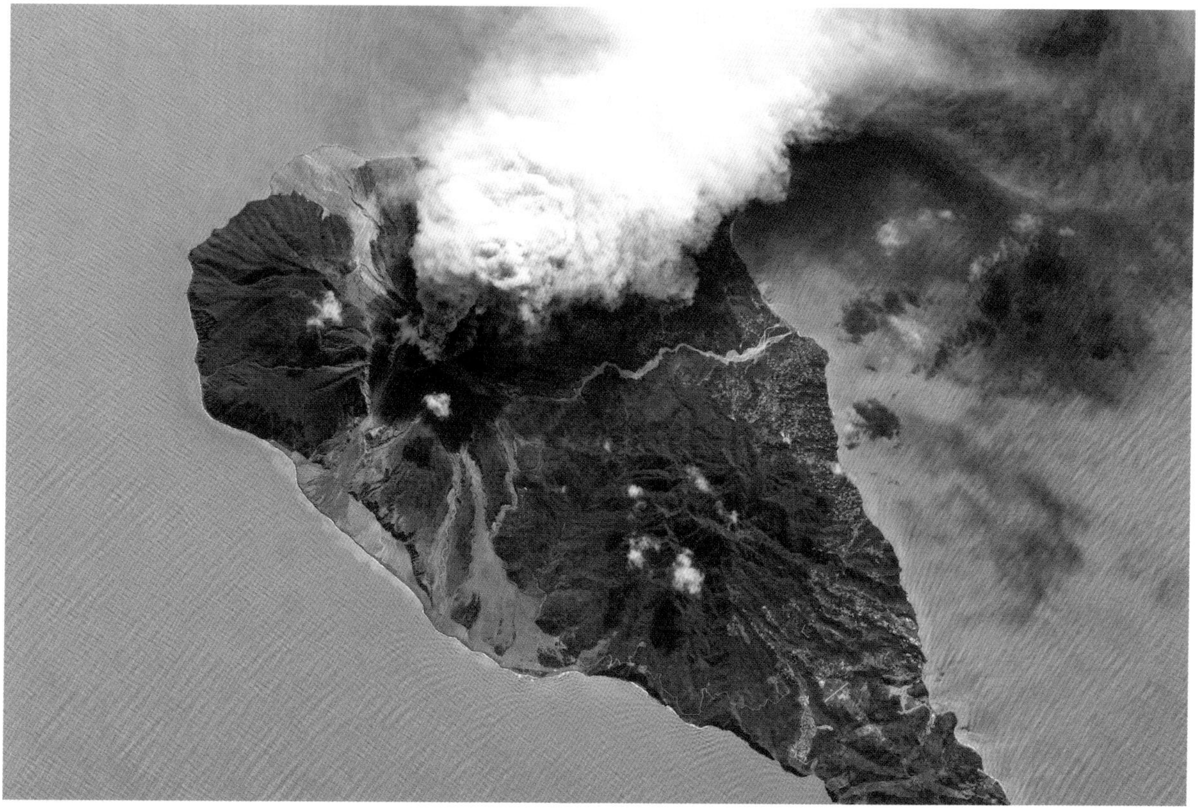

上：
2009年、スーフリエール・ヒルズが噴き出す蒸気と灰の雲の衛星画像。

左：
立ち入り禁止を警告する掲示。モントセラト島では、禁止区域は島の内陸部だけではなく、沖合2海里近くまで広がっている。

左ページ上：
タール川渓谷の火砕流（2010年撮影）

左ページ下：
スーフリエール・ヒルズに形成された赤熱の溶岩ドーム（2006年撮影）。

ケルート火山

都市を狙う活火山

環太平洋火山帯の怪物、ジャワ島のケルート火山が噴火すれば、避難が遅れた場合、数千人の死者を出す可能性がある。

肥沃な大地と美しいビーチの背後に隠されているが、インドネシアには予測不可能な恐ろしい危険がある。ケルート火山は、国内にある129の活火山の1つに過ぎないが、観光地ジャワ島の主要都市ブリタール、ケディリ、マランに近いことから、世界で最も危険な火山の1つとされる。ジャワ島の火山としては、1883年の噴火で数万人が死亡したクラカタウ火山や、1815年の噴火で世界の気候に影響を与えたタンボラ山のほうが有名かもしれないが、ケルートの火山活動は長く続いており、今後も噴火の履歴が増え続けることは間違いない。ケルート火山は西暦1000年以降、約30回噴火している。ジャワ島で栄えたマジャパヒト王国のハヤム・ウ

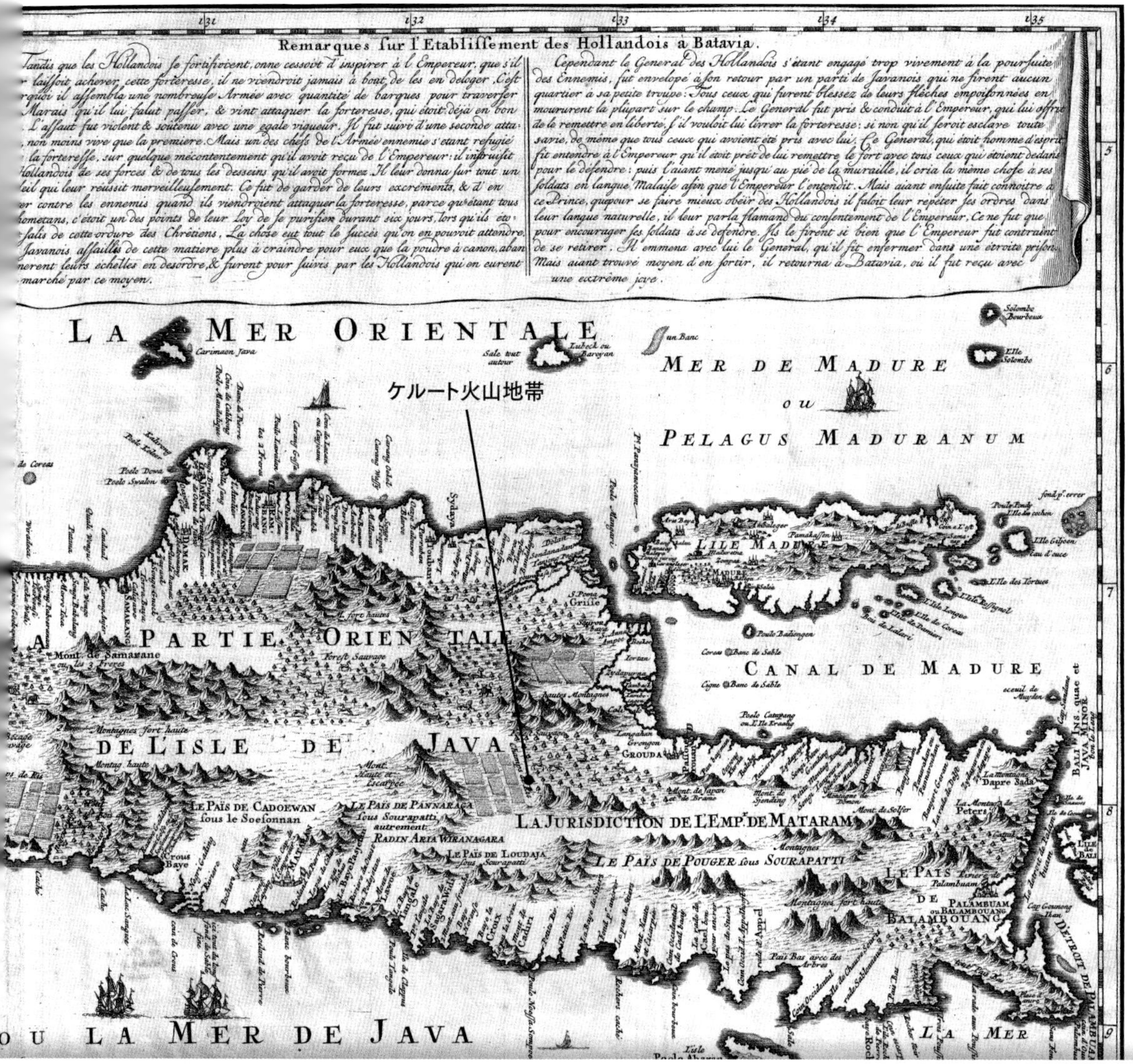
Remarques sur l'Etablissement des Hollandois à Batavia.
ケルート火山地帯
LA MER ORIENTALE
MER DE MADURE
ou
PELAGUS MADURANUM
L'ILE MADURE
CANAL DE MADURE
PARTIE ORIENTALE
DE L'ISLE DE JAVA
LE PAÏS DE CADOEWAN sous le Soesonnan
LE PAÏS DE PANNARAGA sous Sourapatti autrement RADIN ARIA WIRANAGARA
LA JURISDICTION DE L'EMP.R DE MATARAM
LE PAÏS DE LOUDAJA sous Sourapatti
LE PAÏS DE POUGER sous SOURAPATTI
LE PAÏS DE BALAMBOUANG
OU LA MER DE JAVA
LA MER

上：
18世紀の豪華な地図に示されているように、ジャワ島には数多くの火山（正確には45もの活火山）が存在する。

右：
2014年、ジョグジャカルタに降った火山灰。

200-201ページ：
ジャワ島のブタク山から望むケルート火山。

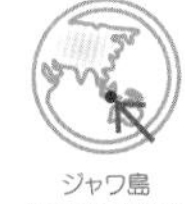

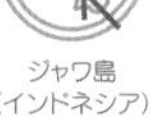

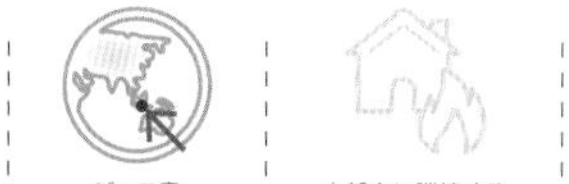

ジャワ島
（インドネシア）

大都市に隣接する
危険な火山

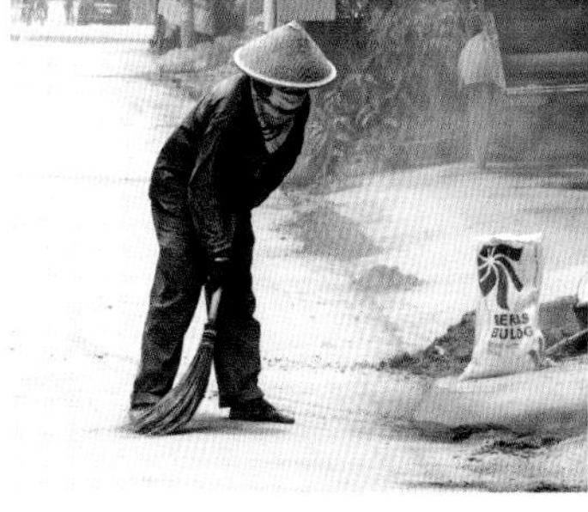

ルク王をたたえる詩「ナーガラクルターガマ」には、1334年の君主誕生の年に火山が活発化したことが記されている。過去最大の被害を出した噴火は1586年に起きたもので、火砕流が1万人の島民を犠牲にした。1919年には、5000人近くがラハール（高温の土石流が行く手を阻む現象）によって命を落とした。1990年の噴火では、テフラ（噴出された火砕物）が円柱状に高度7000メートルまで舞い上がった。2007年と2014年の噴火では、一帯が火山灰で覆われ、数日間にわたってジャワ島が完全に麻痺した。30万人が緊急避難し、7つの空港が閉鎖され、誰もが息を潜めて噴火の状況を見守った。いつまた同じ状況になるか分からない。

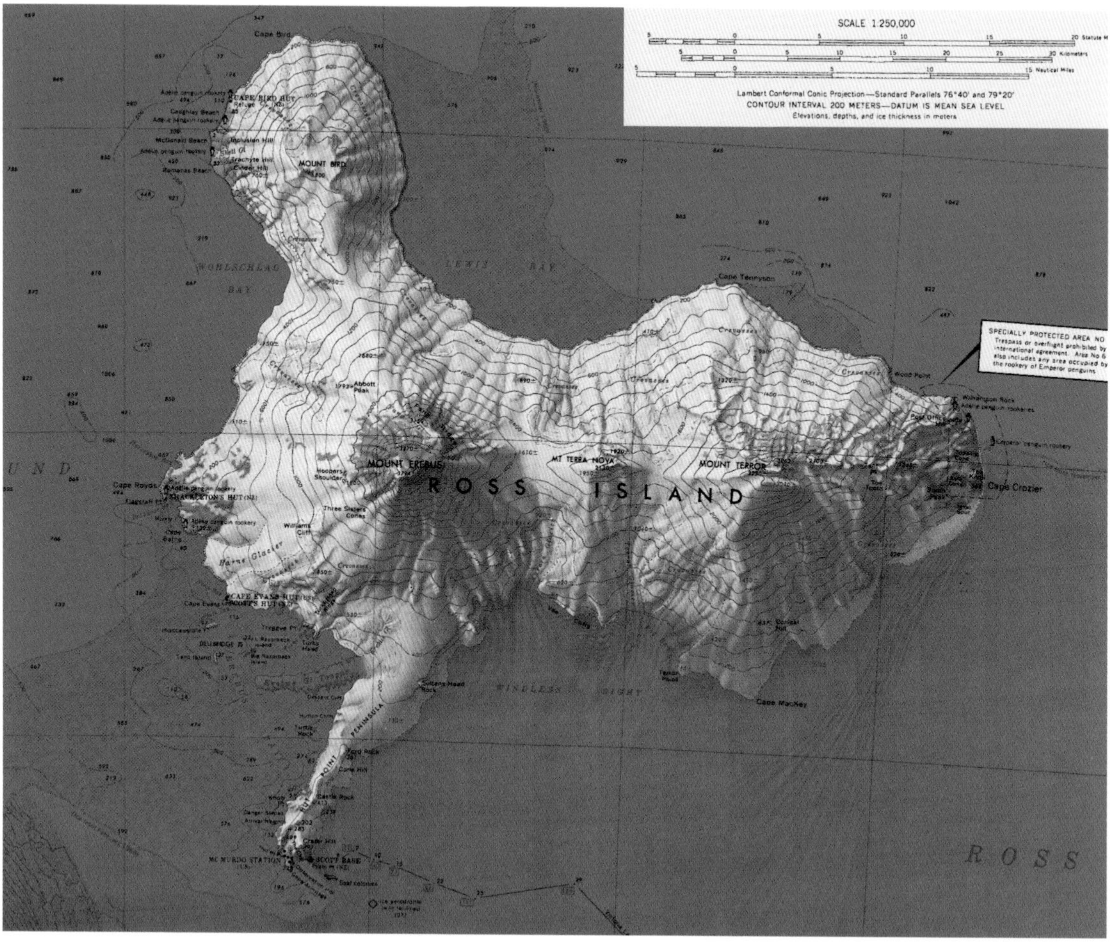

SCALE 1:250,000
Statute Miles
Kilometers
Nautical Miles
Lambert Conformal Conic Projection—Standard Parallels 76°40′ and 79°20′
CONTOUR INTERVAL 200 METERS—DATUM IS MEAN SEA LEVEL
Elevations, depths, and ice thickness in meters
SPECIALLY PROTECTED AREA NO
Trespass or overflight prohibited by
international agreement. Area No 6
also includes any area occupied by
the rookery of Emperor penguins
Cape Bird
CAPE BIRD HUT
MOUNT BIRD
WOHLSCHLAG BAY
LEWIS BAY
Cape Tennyson
Abbott Peak
MOUNT EREBUS
MT TERRA NOVA
MOUNT TERROR
ROSS ISLAND
Cape Royds
SHACKLETON'S HUT
Cape Crozier
Hoopers Shoulder
Three Sisters Cones
Williams Cliff
Barne Glacier
CAPE EVANS HUT
SCOTT'S HUT
WINDLESS BIGHT
Cape MacKay
HUT POINT PENINSULA
Castle Rock
Crater Hill
MC MURDO STATION
SCOTT BASE
ROSS

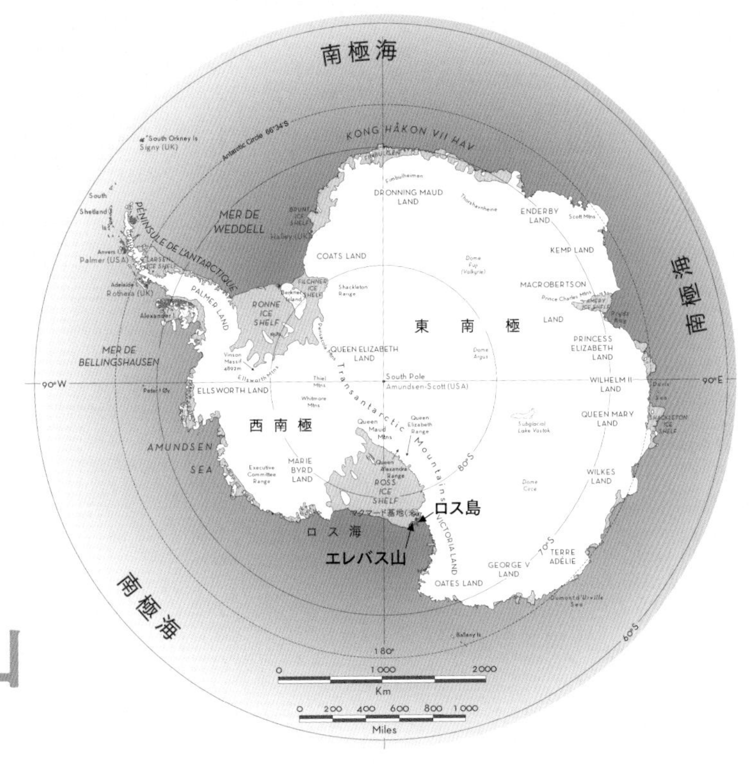

エレバス山

氷の下に燃える火

地球最南端の火山は、
50年以上やむことなく活動し、常なる脅威となっている。

ロス島
(南極大陸)

南極大陸で唯一の
活火山

南極大陸と45キロの海峡で隔てられているロス島は、文字通り辺境の地ではあるが、そそり立つ島影のおかげで、はるか沖を行く船からもすぐにそれと分かる。バード山、テラー山、エレバス山の3つの大きな火山があるロス島は、世界有数の標高の高い島となっている。なかでもエレバス山の標高は3794メートルに達し、南極大陸全体で唯一の活火山だ。季節により科学者など200人から1000人が利用するマクマード基地の向かいに、怪物のようにそびえ立つ。しかし、冬の平均気温がマイナス50℃まで下がるという過酷な環境にあるため、登山する人はほとんどいない。1841年、ジェームス・クラーク・ロス率いる英国の南極探検隊が発見した雪に覆われたエレバス山は、今もクルーズ船で通りがかった観光客が遠くから眺めるだけだ。エレバス山については、1908年にシャックルトンの探検隊が初登頂し、また特に1993年にジャン=ルイ・エティエンヌが探検した成果によって、いくつかの事実が分かった。例えば、山頂にはつねに熱く溶けている溶岩湖があり、1972年の噴火以来、活発に活動している。煙の柱だけでなく、ストロンボリ現象*も報告されている。その際に少量の金も放出されるのだが、金に引かれる人も、その他の好奇心旺盛な人たちも、火山からは距離を置くことをお勧めする。エレバス火山は活発に噴火していて、近づけばつねに危険がともなうからだ。上空から眺めることも難しい。1979年11月28日には、ニュージーランド航空901便がエレバス火山の山腹に墜落する悲劇が起きた。火山上空を含む観光目的の飛行ルートで、誤った飛行計画と視界の悪さにより、乗客237人と乗員20人の全員が命を落とした。今でも氷の下に遺体が眠る墜落現場は、国際保護区域に指定されている。エレバス火山はこうして文字通りの墓場になったのだ。

＊ 火山灰や非常に大きな火山弾を空に向かって放出する火山活動。

左ページ上：
1962年に航空写真に基づいて作成された南極大陸ロス島の地形図。

左ページ下：
ロス島マクマード基地付近の施設。

204-205ページ：
皇帝ペンギンのコロニーは、風を避けられる平坦な場所を求めて定住する。

デザイン

François Egret – Amulette.fr

図版

Première de couverture : Istvan Kadar Photography / Getty Images

p. 3 et 5 (carte en arrière-plan) © John Cary / Cary's New Universal Atlas (1801) / Wikimedia Commons • p. 4 © Nagelestock.com / Alamy / Hemis • p. 9 (arrière-plan) © Traité des plantes usuelles / Biodiversity Heritage Library / Wikimedia Commons • p. 10-11 © Sergey Krasnoshchokov / Shutterstock • p. 11 (carte) © NASA JPL NIMA / Wikimedia Commons • p. 12 (carte) © Alexander Keith Johnston (1893) / Wikimedia Commons • p. 13 © Smit / Shutterstock • p. 14-15 © anahtiris / Shutterstock • p. 16, en bas © Tetyana Dotsenko / Shutterstock • p. 16-17 (carte) © Universal Images Group North America LLC / DeAgostini / Alamy / Hemis • p. 18-19 © Fabian Plock / Shutterstock • p. 20, en haut © Pandarek / Flickr • p. 20, en bas © image fournie avec l'aimable autorisation de la mairie de Saint-Gervais • p. 22 © S. Bachstroem / Shutterstock • p. 23 © Mike Scarola / Wikimedia Commons • p. 24-25 © International Hydrographic Bureau (Monaco) / NOAA Central Library Historical Collection / Wikimedia Commons • p. 26-27 © Hokusai (1830-1832) / Metropolitan Museum of Art / Wikimedia Commons • p. 28 © Andrey Polivanov / Shutterstock • p. 29 © earthobservatory / NASA / Wikimedia Commons • p. 30-31 © Currier & Ives / Library of Congress / Wikimedia Commons • p. 32 © Traité des plantes usuelles / Biodiversity Heritage Library / Wikimedia Commons • p. 33 © Willy Joseph-Louis / Shutterstock • p. 34-35 © Svitlana Minazova / Shutterstock • p. 36 (carte) © The British Library / Wikimedia Commons • p. 37 © Francois Boizot / Shutterstock • p. 38-39 © zjtmath / Shutterstock • p. 40, en haut © Victoria Ditkovsky / Shutterstock • p. 40, en bas © Pika Productions / Shutterstock • p. 43 (arrière plan) © Wing-Chipoon / Wikimedia Commons • p. 44 © John Sylverster / Alamy / Hemis • p. 45 © Rolf Hicker Photography / Alamy / Hemis • p. 46, en haut © Gérald Tapp / Wikimedia Commons • p. 46, en bas © US Embassy Canada / Flickr • p. 47 (carte principale) : image fournie avec l'aimable autorisation de © Newfoundland and Labrador Tourism • p. 47 (carte quotidienne des icebergs) © Ice-glaces / Gouvernement du Canada • p. 48-49 © Alex Stoen / Shutterstock • p. 50 (carte) © BohwaZ+Αντιγόνη — BohwaZ / Wikimedia Commons • p. 51 © DextairPhotography / Shutterstock • p. 52-53 © Dmitry Pichugin / Shutterstock • p. 54 © Alain Cassaigne • p. 56-57 © Sergey Novikov / Shutterstock • p. 58, en haut © Dan Sedran / Shutterstock • p. 58, en bas © Lucky-photographer / Shutterstock • p. 59 © U.S. National Park Service, retouchée par Matt Holly / Wikimedia Commons • p. 60-61 © La Venta / Flickr • p. 61 (illustration) © Albert Vila / Wikimedia Commons • p. 62 © Sémhur / Wikimedia Commons • p. 63, en haut © Ulrich Doering / Alamy / Hemis • p. 63, en bas © Richard Mortel / Wikimedia Commons • p. 64-65 © Jon Arnold Images / Hemis • p. 66-67 © Kanuman / Shutterstock • p. 68, en haut © Vixit / Shutterstock • p. 68, en bas © Saulius Damulevicius / Shutterstock • p. 69 © Everest Preliminary map of Mount Everest Expedition, 1921. Map I Henry Treise Morshead / Wikimedia Commons • p. 70-71 © Jacek Rużyczka / Wikimedia Commons • p. 72 © dibrova / Shutterstock • p. 73 © JonMilnes / Shutterstock • p. 74, en bas © Adrian Diaz Cadavid • p. 74-75 (carte) © Sr. D'Anville (1730) / Université de Caen Normandie / Flickr • p. 76-77 © Rafal Cichawa / Shutterstock • p. 79 (arrière-plan) © Unknown / Wikimedia Commons • p. 80 © Société franco-néerlandaise de culture et de commerce / Gallica • p. 81 © Bastian AS / Shutterstock • p. 82-83 © lgi Febri Sugita / Shutterstock • p. 84 © Sergey Kamshylin / Shutterstock • p. 85 © akg-images / Universal Images Group / Sovfoto • p. 86-87 © Marianna Ianovska / Shutterstock • p. 87, en bas (carte) © Sting / Wikimedia Commons • p. 88-89 © meunierd / Shutterstock • p. 90 © Floki Fotos / Adobe Stock • p. 91, en haut © Elena Dider / Wikimedia Commons • p. 91, en bas © Andrei Stepanov / Shutterstock • p. 92-93 © US Department of Defence / Wikimedia Commons • p. 94-95 © Andrea Rescigno / Alamy / Hemis • p. 96, en haut © carte fournie avec l'aimable autorisation de Poison Garden • p. 96, en bas © Jennifer Boyer / Flickr • p. 97 © David Brabiner / Alamy / Hemis • p. 98 © Margaret Whittaker / images fournies avec l'aimable autorisation de Poison Garden • p. 99 © Philip Bird LRPS CPAGB / Shutterstock • p. 100, en haut et en bas © Inconnu / Wikimedia Commons • p. 101 © Unknown / Wikimedia Commons • p. 102 © Lhoon / Flickr • p. 103, en haut © Mike Goldewater / Alamy / Hemis • p. 103, en bas © Peter Van den Bossche / Wikimedia

Commons • p. 104 © Jenny Mealing / Wikimedia Commons • p. 105, en haut © Rafal Cichawa / Shutterstock • p. 105, en bas © Marco Ebreo / Wikimedia Commons • p. 107 (arrière-plan) © Centers for Disease Control and Prevention's Public Health Image Library / Wikimedia Commons • p. 108 © ninurta_spb / Shutterstock • p. 109 © неизвестен / Wikimedia Commons • p. 110-111 © uweseidner / Adobe Stock • p. 112, en haut © akg-images / Guenay Ulutuncok • p. 112, en bas © Henriette L'Huillier / Wikimedia Commons • p. 114-115 © Sergey Uryadnikov / Shutterstock • p. 116-117 © mbrand85 / Shutterstock • p. 118 © Bibliothèque nationale de France / Wikimedia Commons • p. 119 © Antti Lipponen / Wikimedia Commons • p. 120 © G. de Trye-Maison / Wellcome Library • p. 121, en haut © Dubeniuk Nataliia / Shutterstock • p. 121, en bas © Wellcome library • p. 122-123 © John Peters / Wellcome library • p. 124, à gauche © Paul Fürst, Der Doctor Schnabel von Rom / Wikimedia Commons • p. 124, à droite © dpa picture alliance / Alamy / Hemis • p. 125 © Vaclav Sebek / Shutterstock • p. 126-127 © Dudarev Mikhail / Shutterstock • p. 128 © Shawshots / Alamy / Hemis • p. 129 © Vintage_Space / Alamy / Hemis • p. 130-131 © Niday Picture Library / Alamy Stock Photo • p. 132, en haut © Positive Snapshot / Shutterstock • p. 132, en bas © Steve Heap / Shutterstock • p. 133 © All-stock-photos / Shutterstock • p. 134-135 © leepingpanda / Shutterstock • p. 136 © Theeraphong / Shutterstock • p. 137 © Mariana Ruiz Villarreal © Wikimedia Commons • p. 139 (arrière-plan) © AlmightyWorm / Flickr • p. 140 © corbac40 / Shutterstock • p. 141, en haut © Stepo_1107 / Shutterstock • p. 141, en bas © KiwiDandy / Flickr • p. 142, en haut © Akimov Konstantin / Shutterstock • p. 142, en bas © Nikita Plekhanov / Wikimedia Commons • p. 143 © TT / Wikimedia Commons • p. 144 © National Park Service / Wikimedia Commons • p. 145, en haut et en bas © Cavan / Alamy / Hemis • p. 146-147 © snowpeak – flickr.com / Wikimedia Commons • p. 148 © Minden / Hemis • p. 150 © Gustave Doré / Wikimedia Commons • p. 151 © eugen_z / Shutterstock • p. 152 © ABB Photo / Shutterstock • p. 153 © Christopher Boswell / Shutterstock • p. 154 © Linda_K / Shutterstock • p. 155 © Zoonar GmbH / Alamy / Hemis • p. 156-157 © Carta Marina / Olaus Magnus / Wikimedia Commons • p. 158, en haut © Farah Abdi Warsameh / AP / SIPA • p. 158 , en bas © Live Piracy Map • p. 159 © GA Maritime Safety Information • p. 160-161 © pxhere.com • p. 162 © Ooana Räisänen (Mysid) / Wikimedia Commons • p. 163, en haut © Dziewul / Shutterstock • p. 163, en bas © Gl0ck / Shutterstock • p. 164-165 © Svend77 © Shutterstock • p. 166 © Steve Cymro / Shutterstock • p. 167 © Lamiot Tinodela / Wikimedia Commons • p. 169, en haut © dmytrock / Flickr • p. 169, en bas © Yarygin / Shutterstock • p. 170 © AlmightyWorm / Flickr • p. 171, en haut © Senator Tim Kaine / Wikimedia Commons • p. 171, en bas © eraphimblade / Wikimedia Commons • p. 174-175 © Fernando Flores from Caracas, Venezuela / Wikimedia Commons • p. 175 (carte) © hadowxfox / Wikimedia Commons • p. 176, en haut © Todd Shoemake / Shutterstock • p. 176, en bas © Minerva Studio / Shutterstock • p. 177 © Sari ONeal / Shutterstock • p. 178-179 © Minerva Studio / Shutterstock • p. 180 © Nilfanion / Wikimedia Commons • p. 181 © NASA GSFC / Flickr • p. 182 © Suthasinee K / Shutterstock • p. 183 © GenadijsZ / Shutterstock • p. 184-185 © Radek Borovka / Shutterstock • p. 186, en haut © Daniel Julie / Wikimedia Commons • p. 186, en bas © Bildagentur Zoonar GmbH / Shutterstock • p. 187 © Landscape Nature Photo / Shutterstock • p. 188-189 © Rizzi-Zannoni (1792) / Wikimedia Commons • p. 190 © Ivan25 / Wikimedia Commons • p. 191 © Godot13 / Wikimedia Commons • p. 192, en haut et en bas © Photovolcanica.com / Shutterstock • p. 193, en haut © Montserrat NASA Earth Observatory / Wikimedia Commons • p. 193, en bas © Lauren Delizia / Flickr • p. 194-195 © Chatelain map of Java (1718) / Geographicus / Wikimedia Commons • p. 195 (photo) © Crisco 1492 / Wikimedia Commons • p. 196-197 © gagarysh / Shutterstock • p. 198, en haut © US Geological Society / Wikimedia Commons • p. 198, en bas © Alan Light / Flickr • p. 199 © Landsat Image Mosaic of Antarctica Team / Wikimedia Commons • p. 200-201 © Eli Duke / Flickr • Pictogrammes © www.flaticon.com

執筆者

アルノー・グーマン: 16, 27, 37, 45, 48, 55, 56, 60, 66, 74, 86, 101, 102, 152, 159, 162, 167, 168, 170, 190, 199.

オフェリー・シャバロシュ: 10, 12, 21, 22, 29, 32, 41, 50, 62, 69, 70, 72, 80, 85, 90, 92, 95, 97, 104, 108, 113, 115, 119, 124, 129, 133, 137, 140, 143, 144, 149, 150, 154, 174, 177, 180, 182, 187, 194.

ビジュアルアトラス
世界危険旅行
世界一美しい 死ぬかもしれない場所

2023年11月20日　第1版1刷

著者	オフェリー・シャバロシュ
	アルノー・グーマン
翻訳	清水玲奈
編集	尾崎憲和　田島進
編集協力・制作	リリーフ・システムズ
翻訳協力	トランネット
装丁	相原真理子
発行者	滝山晋
発行	株式会社日経ナショナル ジオグラフィック
	〒105-8308　東京都港区虎ノ門4-3-12
発売	株式会社日経BPマーケティング
印刷・製本	日経印刷

ISBN978-4-86313-581-9　Printed in Japan

乱丁・落丁本のお取替えは、こちらまでご連絡ください。
https://nkbp.jp/ngbook

本書は仏Lapérouse Éditionsの書籍「TOUR DU MONDE DES DANGERS INVISIBLES OU IMPRÉVISIBLES」を翻訳したものです。内容については原著者の見解に基づいています。

Ophélie CHAVAROCHE et Arnaud GOUMAND :
"TOUR DU MONDE DES DANGERS INVISIBLES OU IMPRÉVISIBLES"